稻盛和夫工作法

黄震 —— 编著

广东旅游出版社
中国·广州

图书在版编目（CIP）数据

稻盛和夫工作法 / 黄震编著 . -- 广州：广东旅游出版社，2024.12 -- ISBN 978-7-5570-3366-8

I. F279.313.3

中国国家版本馆 CIP 数据核字第 2024CC0236 号

出 版 人：刘志松
责任编辑：张晶晶　梁斯棋
责任校对：李瑞苑
责任技编：冼志良

稻盛和夫工作法
DAOSHENGHEFU GONGZUOFA

广东旅游出版社出版发行
（广州市荔湾区沙面北街 71 号首层、二层　邮编：510130）
印刷：北京晨旭印刷厂
（北京市密云区西田各庄镇西田各庄村北京晨旭印刷厂）
联系电话：020-87347732　邮编：510130
880 毫米 ×1230 毫米　32 开　7.75 印张　125 千字
2024 年 12 月第 1 版　2024 年 12 月第 1 次印刷
定价：49.00 元

［版权所有 侵权必究］

本书如有错页倒装等质量问题，请直接与印刷厂联系换书。

引言

《稻盛和夫工作法》阐述了"经营之圣"稻盛和夫对于工作的独特观点。

工作到底是为了什么?很多人因为找不到工作的真正意义,而每天牢骚满腹。稻盛和夫认为,工作不仅是人们的一种谋生手段,更是人们获取幸福的一种途径。人们通过工作不断磨炼心志,扭转自己不如意的人生。

如何才能做好工作呢?稻盛和夫给出的方法是:真正爱上自己的工作,具有崇高的目标,能持续付出不亚于任何人的努力,等等。只要你拥有了正确的工作观,掌握了正确的工作法,你就有极大可能在未来的工作中取得成功。

前言

稻盛和夫是日本知名的企业家，与松下幸之助、盛田昭夫、本田宗一郎三人并称为"日本经营四圣"。从普通的技术员到享誉世界的企业家，稻盛和夫的一生堪称传奇。稻盛和夫27岁时白手起家，创办了京瓷公司，这家名不见经传的小企业很快便跻身世界500强企业之列。52岁时，他又创办了第二电电公司，而后同样把它打造成世界500强企业之一。78岁时，稻盛和夫重新出山，仅用了一年多的时间，便使濒临倒闭的日本航空公司扭亏为盈。

1932年，稻盛和夫出生于日本鹿儿岛的一个普通家庭，不同于其他的"天才企业家"，他天赋很一般，曾多次与自己心仪的学校擦肩而过。大学毕业后，出于工作原因，稻盛和夫不得不放弃了擅长的有机化学，转向无机化学领域。远远逊色于某些日本成功人士的人生起点，完全没有阻止稻盛和夫日后取得耀眼的成就，这主要得益于他所树立的工作观——**用积极的态度面对工作，拼尽全力实现目标，最终收获幸福**。

工作的意义是什么？稻盛和夫给出的答案是获得幸福。在他看来，纯粹以享乐为目的进行工作，并不能带给人们真正的快乐，因为物质层面的快乐总是转瞬即逝，过后很容易让人感觉空虚，而工作后获得的精神层面的满足才能带给人们足够的充实感和成就感，这才是真正的幸福。很多企业家在功成名就后，依然会选择继续工作的原因就在于此。

工作有助于人们对自我价值做出判断，成功、坚持、期望等都能促使人们认可自我价值，从而收获强烈的幸福感。同时，工作也是一场艰苦的修行，可以帮助人们塑造厚重的人格和高贵的灵魂。稻盛和夫认为，人们想要完善人格，就必须有效利用工作。厌恶、枯燥、挫折等都是人们在工作中常出现的负面感受，虽然这些感受并不被人喜欢，但它们恰恰是锤炼人格的最佳材料。当一个人的内心被这些感受环绕，却依然能够尽心尽力工作时，他的抗压能力、情绪控制能力、专业能力都会随之增强，经过一段时间的历练后，他的人格会得到完善，灵魂会得到升华。

关于怎样面对工作，稻盛和夫给出了五点建议。

喜欢：学会爱上自己的工作，就能散去一身怨气，将自己从疲惫和痛苦中解放出来。如果我们能像对待心爱的人一样对待工作，那么不管付出多少心血，都会有一种甘之如饴、意犹未尽的感觉。

目标：在实际工作中，目标等同于夜晚航船的灯塔，为我们指引方向的同时也带给我们无穷的动力。高目标是最好的刺激品，我们要相信自己的能力，且一心一意地施行每一步计划，终有一日，我们会达到梦想的彼岸。

持续：努力的关键在于持续，哪怕每天只进步一点点，经年累月，我们的成长也会是巨大的。况且，不少伟大的事业都离不开之前简单工作的积累。做好每一件小事，付出不亚于任何人的努力，并坚持下去，成功就会在不远处等着我们。

完美：出色的工作源于完美主义。想要做好一项工作，就必须对自己严格要求，不能敷衍，不能妥协，更不能不在乎。专注细节，以尽善尽美的态度去工作，不放过任何可以完善工作的机会，我们就能得到一个意想不到的结果。

创新：创新最忌讳刻板的思维方式。一味重复他人走过的路，很难开拓新事业，只有多视角、多方向，勤于思考，才能摆脱束缚，发挥创造力。

本书以稻盛和夫的人生经历和处世哲学为基础，通过总结分析稻盛和夫对工作的思考和体验，解答了什么才是正确的工作观、人为什么要工作和怎么才能做好工作的问题。只有树立了正确的工作观,掌握了正确的工作法,我们才能更好地理解工作的目的和意义,从工作中收获更多幸福。

目录

01 工作是获取幸福的捷径

只把赚钱和享乐当人生主要目标,并不能真正获得快乐 /003
无私是通向成功的良方,更是滋养幸福的土壤 /007
有钱了为何还要工作?因为工作的充实感无可取代 /011
真正的喜悦,来自工作的锤炼 /014

02 工作塑造优秀的人格

完善人格不仅要靠知识的习得,更要靠辛勤的劳动 /019
对不喜欢的工作尽心尽力,就是磨炼人格的修行 /023
日复一日地努力工作,可以培养出高贵的德行和气质 /026
为社会多做贡献,便能塑造出高尚的人格 /030
所谓的苦难经历,恰是锤炼人格的最佳材料 /034
拥有强烈的使命感,就相当于拥有了百折不挠的勇气 /038
坚持愚直、诚实地工作,可以抑制欲望、降低牢骚 /042

03 认真的工作态度助力扭转人生

付出一般程度的努力,很难实现人生的逆袭 /049
在擅长的领域做擅长的事,更容易取得成就 /052
驱除浮躁,沉下心来,才能成为真正的高手 /056
改变对工作的消极态度,就能改变命运 /060
越是面对逆境,越要保持积极的工作态度 /064
正面的思维方式,才是美好人生的路标 /068

04 助你爱上工作的有效方法

试着去改变对现有工作的态度 /075
像和喜欢的人谈恋爱一样迷恋工作 /079
坚持钻研创新,让枯燥的工作变得有趣 /083
为每一次小小的成功热烈庆祝,增添前进的勇气 /086
满怀爱意,认真倾听产品的"哭泣声" /090
想要成就某项事业,必须先成为"自燃型"的人 /093
勇于在旋涡中心工作 /097

05 崇高的目标是工作最好的动力

敢于制定自不量力的梦想 /103
拥有强烈的愿望,而不只限于随便想想 /106
不要轻易放弃现在做不到的事 /110

实现新计划的关键在于不屈不挠、一心一意 / 114
把愿望渗透到潜意识中 / 117
在困境中坚持下去,等待事态出现转机 / 120
瞄准目标,把不可能转变为可能 / 123

06 持续付出不少于任何人的努力

"伟大的事业"乃是"朴实、枯燥工作"的积累 / 129
脚踏实地,认真完成每一天的目标 / 133
不走捷径,而是要做难且正确的事 / 137
不断精进,才能避免被淘汰的命运 / 141
向前推进,哪怕只比昨天更进一厘米 / 145
对付困难最有效的方式就是不退缩 / 148
直面自身缺点,并努力去弥补它 / 152
提高参与意识,点燃团队斗志 / 156
有空去烦恼,不如去干活儿 / 160

07 出色的工作产生于完美主义

"做完"和"做好"的区别,就是不同人生的差别 / 167
出色的工作产生于完美主义 / 171
工作中追求的不是"最佳",而是"完美" / 175
"错了改改就行"的想法绝对不能出现 / 179

要想做到"完美无缺",就必须格外注重细节 /183
制作"会划破手"的产品,美观悦目,无可挑剔 /187
把有意注意变成习惯,才能更好地防患于未然 /191

08 学会"创造性"地工作

跟着别人的脚步,很难开拓新的事业 /197
抓住一切机会磨炼"敏锐度" /201
将创造发明导向"正确的地图" /205
外行人可以不被行业内的经验束缚,成为颠覆者 /209
通过扫地得到的启示:只要开动脑筋就能想出办法 /213
挣脱常识的束缚,充分发挥创造力 /217
觉得山穷水尽时,如何思考才能打开困难局面 /221
开拓新事业需要乐观构思、悲观计划、乐观实行 /224
埋头工作的同时,也不要忘记深度思考 /228

参考书目 /231

01

工作是获取幸福的捷径

你为什么工作？工作的意义是什么？在很多人眼里，工作是被迫的，如果不是为了养家糊口，谁会工作？但当你真的过上每天"游手好闲"的日子，时间久了，开始时的愉悦心情终究会被空虚无聊取代。

其实，工作才是人们开启幸福人生的钥匙，是治愈一切的良药。

只把赚钱和享乐当人生主要目标，并不能真正获得快乐

> 获得快乐的真正途径是工作，只有每天认真工作，努力获得回报，才能感受到人生的快乐和时间的宝贵。
>
> ——稻盛和夫

无论是创业还是工作，每个人都有自己的目的，也许是实现自我价值，也许是达成心中的夙愿，但更多人的主要目的还是赚钱，让自己的生活过得更舒服一些。为了生存、养家糊口而工作，这一点无可指责，但工作的目的不能仅限于此。

1990年，京瓷集团并购AVX公司后，一名外籍员工向稻盛和夫请教了类似的问题，对此稻盛和夫表示，自己并不否定为钱工作的动机，但是仅仅追求金钱，人生将变得毫无意义。

在解释时，稻盛和夫将工作动机分为三个层级：

第一个层级是为钱而工作。"工作即苦役"是目前最普遍的一种工作观，有些人不喜欢现在的工作，但为了生活又不得不向现实低头，这种动机是最低级的。处于这个层级的

人，整天忙碌，最深的感触就是辛苦，即使在拿到工资的那一刻会感到快乐，但这种感觉转瞬即逝，他们大部分的工作时间都在痛苦中煎熬度过。

第二个层级是为实现社会价值而工作。有些人认为，世间有很多更美好的东西值得人们去追求，工作不仅仅是为了赚钱，更是为了实现社会价值。而且，在工作之余他们会选择去做义工，为社会做贡献。他们不求回报，不要补偿，全心全意地为所有人的幸福而努力奋斗。

第三个层级是为提升自我心志而工作。英国科学家迈克尔·法拉第（Michael Faraday）在进入皇家学院之前就被告知，这里的科研工作十分艰苦，且只能获得微薄的报酬。法拉第却表示，只要能从事这份工作就好，在他看来，工作本身就是一种报酬。对工作意义的独到见解，让法拉第颇受汉弗里·戴维（Humphry Davy）的欣赏，而他也没有辜负戴维的期望，工作十分认真努力，最终成为享誉世界的科学家。

工作为人们提供了一条自我实现的途径，无论从事什么样的工作，人们付出的越多，得到的回报也会越多，这是对自我价值的肯定，人们的幸福感也由此而来。

上面三个层级的工作动机对应着不同程度的快乐，稻盛和夫认为，**在工作中进一步提升自己的动机层级，创造出更高的价值，人们才能体会到更多的快乐。**

京瓷成功上市之后，稻盛和夫可谓功成名就，在见证了自己建立的企业跻身世界一流的位置，曾经的付出获得了大众的认可后，一时之间他感慨万千。这时，有人建议稻盛和夫不妨就此远遁"江湖"，去体验轻松愉快的生活，毕竟他挣到的钱已经足够他和家人享用一生。

稻盛和夫却从未有过这样的想法，反倒认为自己应该更加努力地工作，不仅要为企业员工及其家属谋取福利，还要为普通的股东做更多的事。他认为企业上市并不是事业的终点，而是新的开始，需要所有人一起，共同推动企业往更好的方向发展。所以，在京瓷上市时，稻盛和夫激动地对员工说："我从未忘记过自己创业的初衷，哪怕前路坎坷，哪怕付出再多的心血，让我们一起加油干吧！"

稻盛和夫做出这一选择的原因很简单，他认为当一个人纯粹将赚钱和享乐当作人生主要目标时，就不能获得真正的快乐。或许你看到过这样的新闻，有人买彩票中了一大笔钱，足够这辈子衣食无忧，于是他马上把工作辞了，每天吃喝玩乐，什么目标也没有了。但这样的日子过久了，他反而找不到人生的意义，更难感受到快乐。

为什么会这样？因为物质方面的快乐往往是低级的，而且是很不稳定的。这就像快速喝下一瓶碳酸汽水，入口时痛快无比，打个饱嗝后一切就又归于平静。如果想继续保持快乐的感觉，就需要再喝一瓶。而随着我们越喝越多，快乐的感觉便会越来越浅，直到喝汽水已经无法带来快乐，需要寻找别的事物代替它。当一个人的快乐完全来自物质时，快乐往往转瞬即逝，剩下的通常只有空虚。

想要持久性的满足感，就需要超越物质，获得精神上的满足。而工作就是一条很好的获取幸福的途径，因为工作可以不断创造出新的产品和服务，为自己和别人带来价值，从而获得个人的成就感和别人的尊重。这种通过努力和奋斗获得的成就感，才会让人一直感到快乐和幸福。所以，真正的快乐不仅源自物质的富足，还源自内心的富足。

无私是通向成功的良方,更是滋养幸福的土壤

一个人在做决定时,只要存在一点私心,就会格外注重自己的得失,从而导致做出错误的决策。

——稻盛和夫

稻盛和夫认为,每一个经营者都应该保持一种无私的态度。人们天生倾向于做对自己有利的事情,如果每个人都将私心放在第一位,丝毫不关心其他人,那么就很难得到别人的帮助,工作推进起来也将困难重重。

1984年,日本开放了电气通信行业,随着大批创业者涌入该行业,稻盛和夫也萌生了进军通信行业的念头。在正式进入之前,他不停问自己,参与通信行业的主要目的究竟是造福国民,还是在行业中分一杯羹?

在反复思考后,稻盛和夫明确了自己加入这一行业的唯一目的就是降低日本的长途通信费用。由此,他创办了第二电电公司(DDI),与一众通信企业展开了激烈的"厮杀"。以制造业为主体产业的京瓷所建立的第二电电,在开始时处于绝对劣势,既没有行业经验,也没有技术人才,被公认为

是条件最差的通信公司之一。在正式营业后，第二电电一路披荆斩棘，在销售额和利润方面逐渐处于领先地位，成为日本仅次于日本电报电话公司（NTT）的通信公司。

第二电电的成功，与稻盛和夫关于"无私"的感召脱不开关系。创办伊始，稻盛和夫便反复向员工传递一个信息："我们唯一的目标就是努力降低国民的长途通信费用，现在恰好是百年难遇的机会，我们一定要努力抓住它！"就这样，第二电电的所有员工都从造福国民的纯粹动机出发，发自内心地渴望这项事业取得成功。

因为这种无私的想法被广为流传，第二电电得到了日本各方的支持，尤其得到了客户们的广泛援助，大家真心地希望第二电电能够早日成功。

关于第二电电为什么能成功的问题，多年之后依然有人提及，稻盛和夫表示答案只有一个——**为世人做贡献**。正是这样纯粹的动机才铸就了这一结果。

摆脱私心，是企业能够经营成功的重要秘诀之一。一名企业领导人，手中一定会掌握大量的资源，如果不把这些资源用于经营企业，而只是经营自己的话，即使个人收获再多，也会失去企业的未来和员工的拥护。

盛和塾[1]归纳总结了稻盛和夫的相关理论,认为一定要用"利他之心"经营企业,在做决策时,要经常思考自己是否动了私心。稻盛和夫认为,经营者需要对很多人的幸福负责——企业员工、股东、客户,以及企业周边的民众等一切与企业相关的人员都要包含在内。这里的"幸福"是指通过让企业获得长远发展,从而让相关人员都获得利益。

京瓷和第二电电的成功给稻盛和夫带来了巨大的财富,但他从未主动提升过自己的生活质量,甚至在刻意压制这方面的冲动。稻盛和夫这时已经在经济上具备过高质量生活的条件,可他担心自己养成奢靡的习惯,那种心安理得的大肆挥霍行为让他感到害怕。为此,他一直告诫自己要警惕内心的欲望,压抑住自己的私心。

很多人在成功之后,会逐渐变得傲慢起来,尤其是在物质欲望的侵蚀下,他们的人生观也会随之发生变化,伴随着这种变化,企业的业绩就会呈现下降的趋势。稻盛和夫见识过很多类似的昙花一现的创业者,导致其事业衰败的主要原因就是私心过大,没有守住本心。

当一个经营者的地位足够高、权力足够大且缺乏制约

---

[1] 盛和塾,1983年创立于日本,是传播、学习、交流稻盛和夫经营思想和理论的平台。

时，他就很容易将员工当作自己的"小弟"，指挥他们为自己忙一些私事。如此一来，企业就无法发挥它原本的功能了。稻盛和夫认为，一个优秀的经营者不应该有一丝一毫的私心。

在第二电电的事业蒸蒸日上之际，稻盛和夫放弃了所有股份，并鼓励员工购买企业的股票。他认为第二电电总有一日会上市，员工们这时购买股票会获得更多的回报，这也是他向员工表达感谢的方式之一。在稻盛和夫看来，创建第二电电本身就是一个崇高的事业，只有排除了私心，才能让所有员工朝着这一目标奋勇前进。

后来拯救日本航空也是一样，稻盛和夫将自己的热情带到重建工作中，这一举措时刻影响着日本航空的员工。在员工眼中，和自己祖父、父亲一般年龄的稻盛和夫都能如此不计报酬地为拯救日本航空而努力，自己又有什么理由不努力呢？正是稻盛和夫的这种无私态度，给予了员工莫大的激励。

所以，**将自己的人生定位成无私才是最重要的，要懂得破除私心，为他人、为团队、为企业去尽力，才能保证最终取得成功。**对经营者来说，每天需要考虑的一定是企业的事情，不要因为个人因素影响了企业决策，从而导致企业的运营出现问题。经营者最大的幸福，就是率领所有员工，找到属于所有人的幸福。

有钱了为何还要工作？因为工作的充实感无可取代

工作占据了人生的最大比重，如果你无法在工作中获得充实感，即使在其他方面找到乐趣，也填补不了内心的空虚和缺憾。

——稻盛和夫

每一个打工人都渴望实现财富自由，认为有钱之后就可以完全放弃工作，殊不知很多已经实现财富自由的人依然在拼命工作。比如，执掌多家知名企业的埃隆·马斯克（Elon Musk）在采访中多次表示自己每周要工作100多个小时，沃伦·巴菲特（Warren E. Buffett）虽然已90多岁高龄，但仍在坚持工作……

为何这些著名的企业家已经拥有了享用不尽的财富，仍然会选择继续工作呢？因为从工作中获取的充实感很难用金钱取代。

人们物质生活的需求得到满足之后，追求精神上的充实感就成了必需。 绝大多数人都需要有精神寄托，需要有事情做，而不愿意忍受精神上的匮乏。这样不虚度时光的人生才有意义，才有幸福可言。

曾经有个年轻人和朋友发誓，说等自己实现财富自由后就马上退休，享受生活。后来他努力实现了这个目标，却依然每天忙得像个陀螺。朋友问他为何还不退休，他笑着说因为工作太多根本停不下来，而且他主观上也不想停下来。他很享受每天忙碌工作的生活，如果放假没事干，就会浑身难受、不舒服。

忙碌工作是很辛苦，而每天无所事事，导致内心极度空虚，又何尝不是另外一种苦法？

稻盛和夫在69岁的时候，依然每天坚持工作十几个小时，周末、节假日也不例外。除了公司的日常工作，他还常常应邀到各大企业和各地的盛和塾里，亲自解答企业家们的问题，宣讲稻盛哲学，有时候一讲就是五六个小时。

因为工作量巨大，家人以及朋友、同事等都为他的健康担忧，稻盛和夫自己却乐在其中，并不觉得过度疲劳。他觉得带一点紧迫感和紧张感工作，会让自己精力充沛，信心十足。同时他又想，这么重要的工作自己居然也能胜任，真的让自己格外荣幸。稻盛和夫怀着感恩之心，更加努力地工作，内心感到既充实又满足。

在《钢铁是怎样炼成的》一书中，主人公保尔·柯察金说，"一个人的一生应该这样度过：当他回首往事的时候，不会因为虚度年华而悔恨，也不会因为碌碌无为而羞耻"。

任正非的办公室中有一张简单搭建的小床，主要用于加班后小憩片刻。他年轻时经常在办公室工作整晚，还将华为员工定义为"奋斗者"。如今，70多岁的任正非依旧奋战在公司第一线，带领着华为全体员工继续努力往前冲。

像任正非这样的知名企业家们早就衣食不愁，但仍然勤奋、拼命地工作，就是因为工作是他们快乐和幸福感的来源。

稻盛和夫曾提出过这样一个问题：人们需要工作的重要原因是为了生存，可那些拼命工作到深夜的人，难道仅仅是为了有钱吃饭吗？当然不是，他们虽满心疲惫，但一天繁忙的工作让他们感觉自己没有虚度光阴，充分发挥了自己的价值。不放弃工作的意义就在于此，能够让我们的人生变得更加充实，而且这种充实感是其他事情所无法给予的。

真正的喜悦,来自工作的锤炼

发自内心的欢喜和快乐,是从工作中获取的。在工作中,聚精会神,孜孜不倦,克服各种艰辛后达到目标时获得的成就感,世界上没有什么喜悦可以与之相比。

——稻盛和夫

在稻盛和夫看来,努力工作带来的不只有成就感和充实感,更有从心底涌现的喜悦和快乐。这种喜悦是发自内心的,能带给人持久的满足感。

进入松风工业后,稻盛和夫被分配到了研究科。由于电子工业的发展,传统的陶瓷瓷瓶已经没有前途,领导们更看好高频绝缘性能优良的弱电用陶瓷的前景,于是指派他研究开发这种新型的绝缘材料。

在大学期间,稻盛和夫对此没有什么兴趣,因此也没有进行过相关的学习。虽然领导交代让他着手研究,但没有告诉他具体该如何进行研究。开始时,稻盛和夫完全是蒙的,什么都不明白,也不知道从哪儿做起。但是,稻盛和夫又没其他地方可去,只能想办法推进这项研究。

稻盛和夫进行了无数次实验,都没有得到理想的结果。

而且当时公司的实验室非常简陋，没有什么像样的设备，只有两个实验台和一个测定器。虽然条件艰苦，但稻盛和夫并没有轻言放弃，他时时刻刻都在想如何让金属粉末成型的问题，醒着的时候想，睡着了也在想。一天深夜，他做实验已经疲惫不堪，脑子里仍然在想有没有不加杂质就可以让金属粉末成型的方法。

正打算离开时，他突然踩到一块提炼石油时产生的石蜡。石蜡在常温时呈固态，遇热就会熔化，性质有点像蜡烛。这块小小的石蜡使他灵感乍现，能不能把石蜡和金属粉末混合呢？他决定试一试。至于混合用到的具体方法，稻盛和夫想的是"炒饭"。他将石蜡放进锅里加热，等石蜡熔化成液体后，再把金属粉末加入，像炒饭一样将它们混合在一起。就这样，稻盛和夫经过反复实验，终于解决了成型的问题！

在那一瞬间，稻盛和夫体会到了从未有过的喜悦。**这种喜悦和激动的感觉犹如一个人顶着寒意，历尽千辛万苦攀到山顶，终于看到远方缓缓升起的太阳。**

稻盛和夫的研究成果让濒临破产的松风工业得以起死回生。以松下公司为代表的日本大型电器厂家都向松风工业下了订单，松风工业也专门成立了一个名为"特磁科"的新部门，由稻盛和夫担任一把手。

当时，稻盛和夫在业界得到的评价是——"日本能做精密陶瓷的，只有松风工业的稻盛和夫"。稻盛和夫的研究成果不但为公司开拓了新的商机，也让他经历了从对新型精密陶瓷没有什么兴趣，到享受研究新型陶瓷的过程，从此他全身心投入研究，并看到了精密陶瓷的远大前景。

没有劳动的艰辛和劳苦，就体会不到真正的喜悦。稻盛和夫认为，从工作中获取的喜悦，并不像糖果那样，一放进嘴里甜味就弥漫开来，而是潜藏在解决困难的过程之中。

02 工作塑造优秀的人格

一个人在一个领域里,要想有所精进,就得努力做到脚踏实地、精益求精、坚定前行,这个精进的过程和修行的过程一样。正如稻盛和夫所说:"修行,不必隐居深山、远离凡尘,不必参禅悟道。只要全神贯注、孜孜不倦地专注于自己的工作,就可以获得厚重的人格、高贵的灵魂。"

完善人格不仅要靠知识的习得，更要靠辛勤的劳动

想要获得美好的人生，就得努力工作，这一点很重要。工作是一次人们磨炼心志、完善人格的修行，这样说并不过分。

——稻盛和夫

一个人的人格既非与生俱来，也非一成不变，往往会随着时间的流逝而变化。在这个过程中，这个人所处的环境将起到至关重要的作用。比如：有些人在掌握权力后，性格会变得傲慢自大，致使自己晚节不保；也有些人原本玩世不恭，机缘巧合遍尝世间艰难辛酸后，人格蜕变得越发高尚。

既然人格会变化，那么如何完善人格就是一个关键问题。稻盛和夫认为，完善人格不能完全靠知识的习得，还要靠每天的辛勤劳动。少年时期的稻盛和夫并不是热爱劳动的人，虽然他的父母教导他要懂得苦难的重要性，艰苦的劳动会磨炼一个人的人格。但是对于这种说法，年轻的稻盛和夫自然是不屑一顾的。随着年龄的增长，在各种磨难和挫折的洗礼下，稻盛和夫逐渐转变了对劳动及工作的看法，认为努力工

作才是完善人格的最好方法。认识到这一点后,稻盛和夫开始努力地工作,人生和事业逐渐步入正轨,周围人对他的评价也越来越高。

稻盛和夫认为,**工作最重要的意义在于磨炼一个人的心志,提升一个人的人格**。我们全身心投入到自己的工作当中,做好该做的每一件事,这种行为就是在耕耘自己的心田,足以塑造出更为完善的人格。

传说在太平洋的一座小岛上有一个部落,部落中的人都认为劳动是最好的美德,努力劳动才能塑造美丽的心灵。部落里主要的劳动是种植红薯,邻居之间还会点评每家每户红薯的生长情况和田地的修整情况,做得好的会受到称赞,做得差的会受到贬斥。一番评论下来,那些将田地和作物打理得井井有条的人,被称为"人格高尚的人",受到众人的尊敬。

对于这个部落中的人来说,劳动并不是苦役,而是获取粮食的一种方式,也是磨炼心志、完善人格的一种有效手段,他们追求的目标是在工作中收获成果、陶冶人格。

在西方文化中,劳动一般是作为惩罚存在的。"劳动乃是苦役"这个观点,在《圣经》开头讲述的亚当和夏娃的故事中就体现了出来。亚当和夏娃是人类的祖先,因为偷吃禁果被赶出伊甸园。原本不需要劳动的他们,被放逐后为了获取食物，不得不怀着痛苦的心情开始劳作。在这个广为传播的故事里，劳动便是一种惩罚。

由此，人们对劳动留下了相当负面的印象，认为劳动是一件人们为了抵消自己的罪孽而不得不参与的、让人感到特别痛苦的事情。

稻盛和夫却有不同的看法，在他看来，最初的日本人无论从事什么样的职业，都会每天辛勤地劳动。在他们眼中，劳动虽然辛苦，却能带来自豪感，让他们感受到生命存在的意义。就像一些优秀的工匠，将锤炼技能看作一种修力又修心的修行，当制作出令人赏心悦目的产品时，他们会感到一种说不出的自豪感和充实感。对他们而言，**劳动不仅是生存所需，更是实现自我、完善人格的途径**。

随着西方文化的侵入，日本人的观念发生了翻天覆地的变化。由于劳动是生存的必要条件，无论如何都必须做下去，因此，很多日本人开始将劳动视为一种纯粹的差事，内心频繁出现厌恶的情绪。

如今的很多年轻人亦是如此，找不到工作的意义，单纯为了谋生而工作，对工作内容挑三拣四，完全无法理解劳动最核心的目的，自然无法拥有完善的人格。稻盛和夫表示，这些人内心滋生出想要不劳而获就过上安逸生活的欲望，这种想法源于他们对劳动真实意义的不理解。

我们在勤奋的工作中，头脑得到了锻炼，阅历得到了提升。随着心智的愈发成熟，我们开始学会克制多余的欲望，使自己处于一种平衡的状态。这样一来，我们的内心就会变得更加坚定，思维变得更加理智，才能在接下来的人生道路上做出最正确的选择。

著名作家马克西姆·高尔基（Maxim Gorky）曾说："世界上最美好的东西都是由劳动、由人的聪明的双手创造出来的。"这一观点与稻盛和夫不谋而合，劳动不仅是生存的必要行为，更是完善人格的一种修行，千万不要在满足需求后厌恶劳动，要知道任何劳动都将成为我们成长的助力。

对不喜欢的工作尽心尽力，就是磨炼人格的修行

如果你讨厌这份工作，却又不得不努力工作时，在尽心尽力的过程中，你的心灵就能得到磨炼，人格就能得到提升，你就能抓住获得幸福的机会。

——稻盛和夫

稻盛和夫认为，工作没有大小之分，职业也没有贵贱之分，当我们把事情都做到极致后，任何工作都能带给我们成长。事实上，无论什么样的工作都不可能百分之百让人称心如意，即便是我们喜欢的工作也会存在让人厌烦的点。比如，重复的工作内容、推进工作时遇到的困难、上司领导的训斥、同事的不理解等，但热爱会让我们自动忽略掉这些令人厌烦的点，即使在旁人看来这样的工作会很辛苦，可我们自己却能自得其乐。这些"苦"对我们来说就是最好的修行。

而不喜欢的工作则会让人感觉更苦。因为不喜欢，我们会刻意放大工作中让自己感觉不舒服的点，这种敏感性让我们认定这份工作不适合自己。因此，在面对不喜欢的工作时，有人会选择离开，有人会选择敷衍了事，但这都不过是逃避

的表现而已。任何苦难都是对我们的能力以及心性的一种磨炼，尤其是在这种苦难被刻意放大的情况下，如果我们能坚持把它做好，那么结果将事半功倍。

想要对不喜欢的工作尽心尽力，一方面我们需要忍受内心的排斥，另一方面还要努力推进遇到阻碍的工作，这无疑是对我们抗压能力的历练。在内外因素的双重施压下，我们如果能坚持下来，就将得到飞速成长。工作本就容不得我们自由散漫、随心所欲，它就像一个能够成就自我的修罗场，坚持下去，我们的抗压能力、情绪控制能力、专业能力等都将得到飞速的提升。

稻盛和夫说："把工作当成修行的人，会超越90%的竞争者。"没有人愿意为了一份无足轻重的报告熬到深夜，耗尽心力去推敲每一个细节；也没有人愿意东奔西跑，上门推销，迎合那些冷漠嫌弃的脸。但如果我们坚持完成这些事，即使做得有瑕疵，也已经超过了很多人。以后再遭遇这种情况时，我们就不会被内心的情绪所影响，从而能够更好地开展工作。此刻的我们，已经算是实现了一定程度的蜕变。

对不喜欢的工作尽心尽力，是磨炼，也是机会。只要能做好不喜欢的工作，未来就有机会获得自己喜爱的、更好的工作。

有一个高才生野心勃勃地进入了一家广告公司，希望能够一展才华，可由于资历尚浅，开始时只能做一些帮领导打下手的活儿——打印报告、整理录音、编写会议纪要、接发快递等。很多人在这种情况下会选择一走了之，可他却十分耐心地做着这些琐事，并力求尽善尽美，在这个过程中，他变得越发谨慎、稳重，为后来事业的成功打下了坚实的基础。

稻盛和夫认为，一个人想要取得超越常人的成功，就要不断提升自己的人格，而提升人格不需要进行什么特别的修行，只要在工作中扮演好自己的角色，做好自己分内的事，这个过程就是在磨炼人格。因此，在工作中忍耐自己的不喜欢很重要，尽心尽力地做好这些不喜欢的工作同样重要。

在稻盛和夫看来，修行是提升自身德行，从懵懂到觉悟的过程，从而让人达到胸怀宽广、视野开阔的境界。将工作视为修行来磨炼人格，有助于我们摆脱欲望和情绪的控制。如果我们能够全身心投入到不喜欢的工作中，遵循着圣贤推崇的道德、品格、一心一意、坚持不懈、精益求精，就能将工作做到一个难以想象的高度。同时，我们也能够在这个过程中有效地提升自己的人格，达到更为高级的人生境界。

习惯逃避的人在任何工作中都难有大的作为，任何不顺心的情况都会让他感到不快乐，内心被压力和焦虑填满。真正厉害的人在面对不喜欢的工作时，想到的不是后退，而是忍受住情绪的折磨，逆流而上。

日复一日地努力工作，可以培养出高贵的德行和气质

长期吃苦耐劳的努力工作可以塑造出优秀的人格，拥有幸福的人生。

——稻盛和夫

塑造人格最有效的手段是埋头努力工作，而非单纯地接受教育或研读书籍。**读万卷书汲取的是智慧和道理，行万里路培养的是德行和气质。**

勤勉和诚实往往只能体现在实践中，这是稻盛和夫研读《代表性的日本人》时悟出的道理。《代表性的日本人》是一本宣传日本人美德的英文著作，其中主人公之一的二宫尊德的事迹带给了稻盛和夫很大触动，让他进一步印证了自己对工作和塑造人格之间关系的判断。

1787年，二宫尊德出生于一个贫苦的农民家庭，父母相继因病去世后，他由伯父抚养长大。少年时期的二宫尊德喜欢读书，白天在田地里劳作，晚上就点起一盏小油灯看书，但由于家庭条件太差，且灯油昂贵，他经常遭到伯父的训斥。长大后，二宫尊德成为一名武士，服务于小田原藩。1822年，

二宫尊德受小田原藩指派复兴下野樱町的领地，大获成功。

传闻二宫尊德每天只休息两个小时，其余时间全部用于垦荒，仅用锄头和铁锹就将荒地改造成了良田，名声大噪，一时间受到了很多人的邀请。之后的日子里，二宫尊德穿梭于各地的农庄，积极地为改良土地奔走，600多个村庄因此受益。晚年时，二宫尊德被江户幕府起用，在与其他人交往时，他举手投足间的气质令人折服。内村鉴三在书中描写道："尊德，一介农夫，出身贫寒，从未受过很好的教育。可当他穿上武士阶层的服装，与将军府中的武士站在一起时，他的言行举止处处透露着高贵和风雅。"

二宫尊德的辛勤劳作推动了日本近代的农业改革，他也成为日本近现代妇孺皆知的道德楷模。为了纪念这一先驱者，日本在1946年至1958年发行的纸币上就印有他的头像。

为何一个终日与黄土作伴的农民能拥有不输武士和贵族的高贵气质呢？稻盛和夫认为，这就是工作对于人最根本的意义：**工作能够陶冶情操、磨砺心志，让人们的灵魂变得更加崇高和美好。**

一个人的气质源于内心的修养，需要时间的沉淀。没有人天生具备令人折服的气质，所谓优雅、高贵、霸气等都来自后天的修行。很多人认为富家子弟一出生就拥有高贵的气质，可实际上那只是受环境影响所产生的效果。身边人的言行、父母的教育都在不断挤压着他们真实的自我，他们所表现出的姿态往往是被限制的结果。一旦他们成长到一定年龄，失去家庭的束缚，内心的自我便会马上超越最初建立的认知，气质也会随之发生变化。比如，一些家庭出身较好的人，在踏入社会后，由于自身的地位较高，就容易滋生傲慢之气。

工作即修行，这里主要"修"的是心态。曾国藩曾在《曾国藩家书（修身篇·致九弟季弟·必须自立自强）》中说："刚柔互用，不可偏废，太柔则靡，太刚则折。刚非暴虐之谓也，强矫而已；柔非卑弱之谓也，谦退而已。"这句话的意思是，只有刚柔并济、不卑不亢，才可以拥有一颗清净之心。一个怯懦的人，往往会随波逐流、萎靡不振；而一个刚烈、强势的人，往往会自以为是。

工作中的成就感可以祛除内心的自卑，重塑自信心。工作中的挫折感可以祛除内心的浮躁，让人意识到愤怒的嘶吼往往无济于事，只有静下心来寻求破解之法，才能度过眼前的危机。这一切的前提是坚持努力工作，只有不断地经历这些感觉，人们的内心才能逐渐归于平和。

二宫尊德与高阶层的人站在一起时，之所以能够表现得不卑不亢，靠的就是多年来的勤勉工作所积累下来的自信从容。一个人在工作中经历过太多的成功和磨难，就会对生命拥有自己独特的理解。就像一个见惯了生离死别的人，内心会趋于平静，并将其视为人生无法被切割的一部分。一个人在内心归于平静后，自然会呈现出名利不扰、尘世不扰、己心不扰的人生状态。

稻盛和夫认为，想要做到这一点其实不难，不需要归隐深山，也不需要参禅悟道，只需要像二宫尊德一样，全神贯注、兢兢业业地投入到每一天的工作中，感悟工作中的得失成败。这就是最珍贵的修行，也是磨炼人格的最好方式。

为社会多做贡献，便能塑造出高尚的人格

> 一个人最高尚的行为就是为他人做贡献。尽管很多时候，人们在做事之前都会倾向于先考虑自己，可实际上，帮助他人是每个人都乐意去做的事，人的本性就是这样的美好。
>
> ——稻盛和夫

对于一个人而言，无论是多么渺小的存在，都要发挥做人应有的正面价值，这种价值体现在尽力为社会、为世人做贡献。

1981年，稻盛和夫凭借在精密陶瓷研发方面的成就被授予"伴纪念奖"。该奖项是由东京理科大学的伴五纪教授设立的，目的是表彰在技术开发方面做出突出贡献的人。稻盛和夫在接到通知的那一刻，感到高兴之余还有些羞愧，他认为伴五纪教授使用自己的专利授权费来运营该奖项十分无私，而自己一个吃喝不愁的企业家跑去领奖，似乎有些不妥。

经过这件事，稻盛和夫萌生了与伴五纪教授一样的想法，他计划将自己的财富以某种形式回报社会。1984年，他拿出

大约200亿日元，创设了"京都奖"，为此他还特意拜会了诺贝尔基金会的运营者，以完善奖项的细节。对方表示，一个奖项想要具有权威性，在保证严格公正审查的同时，还要能一直坚持举办下去。

参考诺贝尔奖的奖项理念，稻盛和夫为京都奖构筑了相关奖项理念，并将"为世人、为社会尽力"放在首位。他认为，世界上有很多默默无闻、努力工作的科研人员，他们都为社会发展做出了贡献，但能够让他们发自肺腑地感到欣慰的奖项却很少。于是，他决定将科技进步和精神发展绑定在一起，希望两者能够并行发展，进而为全社会的幸福做出贡献。对被提名人选进行审查时，如果陷入僵局，都会回归到这个最初的奖项设定理念上。

最初，京都奖的奖金为4500万日元，以致敬诺贝尔奖的5000万日元，随着诺贝尔奖的奖金提高，京都奖也将金额由4500万日元增加到5000万日元，后来又增加到1亿日元。

京都奖的获奖者在记者招待会上经常被询问如何使用这笔奖金。一般来说，获奖者都会将奖金用在自己的事业上，但大多数京都奖的获奖者都表示，要将奖金回馈给社会。比如，波兰导演安杰伊·瓦依达（Andrzej Wajda）用这笔奖金成立了"京都-克拉科夫基金"，并在波兰建立了日本美术中心。

虽然稻盛和夫的本意并非如此，他只是单纯想鼓励那些付出全部努力进行科研的人，但后续的发展也让他十分开心。稻盛和夫表示，每个人都拥有把帮助他人视为最高幸福感的心。他说："一个人想要出人头地、追求成功可以，想要拥有一个潇洒多彩的人生也可以，但这都只是人生的过程，人生的目的在于塑造高尚的人格。"

一般来说，我们的认知在很大程度上会受父母和老师的影响，如果父母一直强调只有努力学习才能获得成功，那么我们就真的会以此为目标发奋读书。喜欢读书的孩子会在这个过程中不断强化这个目的，而不喜欢读书的孩子在遭遇挫折后往往会选择放弃。一个人成长到一定年龄后才会有意识地思考人生。随着年龄的增长，人的自我意识逐渐觉醒，有些人会产生"人生只有一次，与其悲悲切切，不如活得潇洒快活"的想法。

当我们意识到死亡的临近，健康就成为我们的目标。此时，无论是立志出人头地，还是打算潇洒一生，我们都会将健康放在首位。所谓健康，本质是想要延长生命的时间，为了达成这一目的，我们就会开始格外关注自己的身体情况。

原本随着年龄的增长，我们的社会阅历变得丰富，人格本该趋于高尚，可就是因为对健康长寿的执着，滋长了利己之心，使得有些人开始贪图享受起来，这些人的人格便不会提升，反而会逐渐降低。如果我们在有生之年，能够为社会和他人做出一些绵薄的贡献，那么我们的灵魂就会得到滋养，我们就能找到新的人生意义。

灵魂不断得到滋养，就会塑造出高尚的人格。稻盛和夫表示，一个人应该尽早理解"做贡献"的意义，哪怕暂时为生活所累，只要脑海中一直留有相关的印象，就不至于在未来的日子被欲望侵蚀，深陷名利场而不能自拔。

所谓的苦难经历，恰是锤炼人格的最佳材料

真正能够塑造人格的并非天资和学历，而是一个人所经历的挫折和苦难。人们所经历的苦难，恰好就是锤炼人格的绝佳机会。

——稻盛和夫

一切挫折和苦难都是命运对人们的安排，为的是让人们拥有更加高尚的人格。稻盛和夫一生经历过无数的挫折，但他却并未刻意逃避，消极懈怠，反而在苦难中咬牙坚持，最终成就了如今的事业，并获得了"经营之圣"的称号。

1997年，事业蒸蒸日上的稻盛和夫在例行体检中查出了胃癌。得知消息后，他十分平静地说了句："原来是癌症啊，我知道了。我公司还有很多事要做。"随即拒绝了医生马上住院手术的要求。当天，稻盛和夫依然按照原定计划前往冈山工作，一路上和同事们谈笑风生，丝毫没有受到影响。

几天之后，稻盛和夫在公司宣布了两件事：第一，将公司所有的股份分给员工；第二，自己打算出家。稻盛和夫表示，自己并不是因为患病才选择出家，而是想要进一步探索

生命的意义。随后，他前往医院进行了手术。

后来稻盛和夫公开表示，他十分感谢这场癌症，它给了他很大的启发。人们往往在陷入重大危机时，才能意识到人生中最重要的东西是什么，从而转变自己的态度。很多人面对即将失去的财富和地位的局面时，往往心有不甘，但只要从苦难中走过来，就会发现人的一生当中除了财富和地位，还有更重要的东西。

面对癌症，稻盛和夫的态度令人敬佩，他在震惊之后很快便归于平淡，没有受到很大的影响。而大多数人在听闻被确诊的消息后，往往会变得异常激动，即使有医生和家人的安慰，他们的情绪也会一直处于消极的状态。但是，保持开朗乐观的心态，才有更大可能战胜疾病，就像稻盛和夫说的："你必须有信心，才能战胜癌症。"

一场癌症，让稻盛和夫意识到人一定要学会放下功利心。很多人在患上癌症后，第一时间考虑的不是自己的身体，而是自己马上要失去什么，这种思考时时刻刻都在牵动着他们的负面情绪，使病情加重的概率大大提升。

苦难之所以是一种机会，是因为苦难能够教育我们，促进我们成长。大多数人在顺风顺水的时候容易变得自满，在成功的耀眼光芒下，那些不碍大局的失误和错误会格外不起眼，根本不会引起我们的重视。可深陷困境时就不一样了，任何风吹草动都将加重我们的负担，让我们关注到更多的问题。想要摆脱困境，我们就要经受住考验，忍耐、坚持、努力，千方百计地克服苦难。我们战胜的苦难越多，最终得到的收获也就越大，对人生的认识也会越深刻。

每个人都知道努力工作能给人生带来美好的未来，但人生来就有好逸恶劳的倾向，因此，讨厌工作、不想工作的念头还是会经常出现。由于惰性的存在，一旦对这些念头放任不管，人就容易归于安逸，总想着逃避人生的苦难。也正是这种逃避，让很多人失去了磨炼自己人格的机会。

稻盛和夫表示，过去和现在有很大的区别，在他所处的年代，无论你喜不喜欢，现实都会逼着你去努力工作，社会环境格外残酷，不管遇到什么情况，没有人敢轻易放弃，因为放弃就意味着吃不上饭。而现在，人们拥有更多自由的权利，可以挑选自己喜欢的工作，一旦不喜欢了，很可能会马上辞职。

如此看来，稻盛和夫所处的时代对于现在的年轻人来讲似乎很不幸，可在稻盛和夫看来，这恰恰是一种幸事，在磨难中，在强压下，那个时代的年轻人努力生存、克服重重阻碍的经历，让他们变得更加强大，并由此诞生了很多享誉世界的人物，如松下幸之助、盛田昭夫等。

因此，在陷入苦难时，我们千万不要放弃，一定要咬紧牙关，努力工作，直至度过这次危机为止。任何退缩的想法都会让我们失败，甚至养成习惯，在苦难面前一触即溃。坚持下去，我们才能在努力的过程中，使脆弱的心灵得到磨炼，人格得到提升。

人生在世，不如意之事十之八九，正因为有这些苦难，我们的灵魂才能在一次又一次的考验中变得强大。所谓苦难，恰恰就是磨炼自我人格的绝佳机会，我们一定要把握这一机会，让自己的人生实现蜕变。

拥有强烈的使命感，就相当于拥有了百折不挠的勇气

人需要搞清楚的第一件事就是自己为什么而活，为什么而奋斗，以此确立自己的使命。当人拥有了可以为之舍弃生命的使命之后，就能生出百折不挠的勇气。

——稻盛和夫

使命感，是隐藏在人们内心深处的强烈信念，驱使着人们不断前进。它让人们无论遇到什么阻碍，不管付出多长时间，都会坚持为做好一件事而努力。稻盛和夫认为，使命感是一个人最好的驱动力，对推动其事业发展有着不容忽视的作用。

2012年，日本可再生能源发电收购制度出台，吸引了大批海外生产商前往日本建立太阳能发电站，一时间该市场的竞争变得异常激烈。其实，早在1975年，京瓷就已经将与太阳能电池研发相关的工作提上了日程，并与子公司一同推进太阳能发电站的建设、太阳能发电系统的安装等一系列业务。

稻盛和夫公开表示，京瓷之所以涉足太阳能等清洁能源

行业，就是为了解决能源再生问题，同时也为地球环境保护出一份力。由于人类毫无节制地开采，地球上的石油资源终有一天会陷入枯竭，而且对石油资源的使用所产生的二氧化碳让地球的温室效应越来越严重。因此，保证人类能源需求，保护地球环境，谋求可持续发展，就是京瓷投身太阳能事业的使命。在这一伟大使命的感召下，当年京瓷陷入财政赤字时，稻盛和夫也从未想过放弃该事业，反而以坚定的意志稳定了时局，使太阳能事业得以顺利推进。

随着时代的发展，日本的太阳能发电行业已步入正轨，大批生产商疯狂涌入，导致该市场中的恶意竞争极为严重，整体管理秩序混乱不堪，无论是外来企业还是本土企业，都面临着巨大的生存压力，其中有很多企业已经被逼到了破产的边缘。在这种背景下，京瓷仍然可以维持太阳能事业的稳定运行，并进一步扩大规模，主要是因为京瓷通过大量削减成本在乱局中稳定了竞争优势，更是因为公司里所有人共同拥有的强烈使命感在发挥作用，无论遇到什么样的困难，他们都有勇气去征服。

稻盛和夫表示，很多人从来没有想过自己为什么而存在。一个人降生在这个世界上，一定是有使命和目的的，所有人都应该有这样的觉悟，否则很容易陷入缺乏理想追求、对人生价值感到无限迷茫的境地。大多数人在为生存发愁时，根本不会考虑人生的问题，可一旦满足了生存需求，就应该马上开始思考这个问题。

如果不考虑清楚使命感的问题，就很容易被宿命论影响，在工作中缺乏激情、精神萎靡，遇事便想退缩。尤其是当工作遇到瓶颈时，由于缺乏使命感，就不会主动地去解决问题，只会被动地工作。上司怎么指挥就怎么做，看似工作十分积极，实则缺乏必要的主动性。这就是缺乏使命感所造成的消极懈怠的工作态度。

使命感在这里可以视为工作的意义，比如，盖一间教堂，有人说自己在砌墙，也有人说自己在建造一座抚慰人们心灵的圣坛，不同的表述体现着不同的工作态度。在工作中，后者势必比前者更积极，更不畏困难。

拥有使命感，在事业上能够起到统领思想、激发勇气的作用。稻盛和夫最初建立京瓷，主要是想向世人展示"稻盛和夫的技术"，随着京瓷规模的不断扩大，稻盛和夫意识到，追求全体员工的幸福，为人类和社会发展做贡献才是自己的使命。凭借着这种使命感，稻盛和夫组织了一个拥有强大凝聚力的团队，使得京瓷虽历经磨难，仍能走上巅峰。

战争时期，英国的一家飞机制造厂效益很差，工人旷工、罢工的情况时有发生。经营者尝试了很多措施，如提高工资、减少工作时间、改善交通等，效果都不太好。其实，工人士气低落的根本原因是他们不知道自己的工作有多重要。因为他们从来没见过完整的飞机，也没有人知道自己生产的零件被用在何处。了解到这个原因后，经营者将一架做好的战斗机停放在工厂的空地上，所有工人都被邀请参观，技术人员为他们详细讲解了哪些零件用在什么地方，让他们明白了自己在战争中对于国家的价值。之后，保家卫国的使命感在工人心中确立起来，不安、懒散、消极一扫而空。随后的日子，每位工人都满怀热情地进行工作，为保卫祖国尽自己的一份力。

在大多数时间里，我们的工作与这些零件工人的并没有什么本质差别，都是重复着一些看上去非常烦琐的动作，一旦热情褪去，内心中的倦怠情绪就会越发强烈，从而失去挑战困难的勇气。这时就需要我们拥有足够的使命感，激发出我们内心深处的胆魄和勇气。

稻盛和夫表示，勇气并非与生俱来，任何人在遭遇威胁时都会出现惊恐、颤抖的情况，这是人之常情。想要在人生的关键时刻取得胜利，我们必须充满信心地迎接挑战，而使命感恰恰能赋予我们源自心底的不屈不挠的强大勇气。

坚持愚直、诚实地工作，可以抑制欲望、降低牢骚

　　抑制欲望、全身心地投入到工作当中是人必须掌握的一种能力，如果无法战胜自己的怠惰安逸之心，就无法将自己的能力发挥到最大限度。

——稻盛和夫

　　人的一切烦恼均源自贪、嗔、痴，佛家将三者并称为"三毒"，解释为贪欲、憎恨和愚痴，它们时刻在与人的内心纠缠，任人如何驱赶也难以彻底消除，如不加以警惕，很容易让人产生错误的认知，迈向错误的人生道路。

　　稻盛和夫认为，人之所以不幸，就是因为内心总是被这"三毒"所支配。比如，想要获得更多的金钱，想要获得更高的评价等，当这些贪欲无法得到满足时，人们就会变得愤怒，开始抱怨天不遂人愿，肆意地发泄内心的不满。

　　实际上，每个人都需要这些欲望，如果没有欲望，人很难继续生存下去。欲望是大自然赋予人类的本能，以满足人们对生存需要的刺激。比如：人们为了维持生命，就需要满足食欲；面对想要侵害自己的敌人，就需要表达愤怒；在期

望落空后，就要发泄内心的不满，等等，这些东西无法从人们心里彻底戒除。

但如果不对这些欲望加以控制，任由其发展，人们就会做出一些超越理智范畴的行为。因此，稻盛和夫认为虽然"三毒"并不能完全祛除，但也必须努力让"毒"得到有效地控制或稀释。

现在，越来越多的年轻人喜欢追求短暂的快感，他们工作的目的往往是为休闲娱乐赚取资金。可这种日子过不了多久，他们就会感到空虚。只有全身心地投入到工作中，才能获得充实而满足的人生。

稻盛和夫认为，不断进取的人生态度远胜于一味贪图安逸的生活方式。比如，两个学生都很聪明，一个非常努力，最后以十分优秀的成绩毕业；另一个懒懒散散，但同样顺利毕业。后者往往会暗示自己比对方能力强，认为前者只会死读书，自己如果认真起来，对方肯定不是对手，以后一定能超越对方。

可事实真的如此吗？当然不是。努力读书意味着放弃了玩乐，战胜了自己的欲望。同理，想要在事业上取得成功，势必也要控制自己享乐的欲望，将全部精力放在工作中。这并不是一件简单的事，**想要战胜自己，就必须具有强大的意志**。

曾国藩有一天为朋友陈代云的母亲拜寿，他计划上午拜寿，下午返回家学习。可他在寿宴上碰到了好朋友何子贞，对方邀请他寿宴后到自己家里下棋，他抹不开面子只好答应下来。曾国藩十分喜欢围棋，在棋盘上一番"厮杀"下来觉得意犹未尽，便拉着对方又来了一盘。后来，即使对方不和他对弈，他也要站在旁边看别人下棋。时间一长，曾国藩开始纠结，自己本该在家学习的，现在却被棋盘吸引，转念一想，自己每天都努力学习，是时候放松一下了。这样自我安慰了一番后，曾国藩还是选择继续看棋。

　　曾国藩后来对此非常后悔，认为自己没有控制住欲望，他暗下决心，以后绝对不能再被轻易诱惑。几年后，一个江洋大盗在菜市口行刑，朋友特意跑到曾国藩家中邀请他去观看，曾国藩也想要见识一下著名的大盗，便欣然前往。可在去的路上，曾国藩又开始后悔，自己本来还有别的事情要做，可当着朋友的面又怎么能说不去就不去呢？经过一番激烈的思想斗争，曾国藩停下了脚步，告诉对方自己家中还有一些事情要处理，转身返回了家中。

　　做与不做，看似只在一念之间，但想要压制住内心的渴望并非易如反掌。能力不足的人往往意志软弱，总是回避着与自己的斗争，更禁不住安逸的诱惑。人都是有惰性的，想要强迫自己放下近在咫尺的快乐，投入到枯燥的工作中，的确不容易做到。但想要让自己变得更加强大，就一定要越过这些追求安逸的惰性，当我们付出了大量时间和精力努力工作，终于获得成功后，那种快乐是其他任何事物都无法给予的。

我们在全身心地投入到工作中时，很难有余力去察觉欲望发出的需求信号。在此基础上，稻盛和夫认为人们还要以一种"愚直、认真、专业、诚实"的姿态投入到工作当中。在他看来，愚直代表坚持，认真代表专注，专业代表力所能及，诚实代表不敷衍，以这种态度应对工作，时间一长，自然就能有效抑制住自己的欲望。

03
认真的工作态度助力扭转人生

稻盛和夫也曾哀叹命运不公，抱怨不幸和苦难为什么一次又一次降临到自己的身上。但当他转变观念，开始竭尽全力投入工作后，命运居然发生了彻底的、戏剧性的变化。由此他认为，付出 99% 的努力还不够，成败的关键取决于"最后 1% 的努力"。

付出一般程度的努力，很难实现人生的逆袭

为了事业的成功，人们需要付出不少于任何人的努力才行。很多人认为自己有才能，也可以很快地掌握要领，但是，仅凭才能和要领是无法完成宏伟的事业的。

——稻盛和夫

所谓"不少于任何人的努力"，就是指超越常人的努力。不管是创业还是工作，如果仅付出与普通人同等的努力，那得到的必然是一个普通的结果。无论这种一般程度的努力持续多久，也只是像大众一样在正确地做事，而不是在做正确的事。

稻盛和夫认为，**在竞争异常激烈的环境下，一定要付出不亚于任何人的努力，才能实现人生的逆袭**。任何"差不多""我觉得可以了"的念头都将成为失败的根源。

稻盛和夫一直将舅舅视为人生的榜样。舅舅的文化程度不高，由于当时家庭条件不好，他在读完小学之后就辍学成了一名菜贩子，每天早早起床去采购，然后拉着一辆比人还高的板车出摊，一年四季风雨无阻。尽管舅舅文化水平不高，也不懂得经营管理方面的知识，但他硬是凭借着自

己起早贪黑的不懈努力，把生意越做越大，生活也随之变得越来越好。

舅舅的这段经历给稻盛和夫留下了很深的印象，他第一次对"努力"两个字有了自己的理解——努力没有终点，只有不断突破自己的极限，方能取得成功。即使创办京瓷后，这种观点也在时刻支撑着他不断前行。

京瓷早期的经营十分艰难，稻盛和夫几乎将自己所有的时间都放在工作上，带领员工一起努力。可这种"不要命"的努力程度引起了一些人的不满，他们认为每个人都有自己的极限，总是这样拼了命工作，迟早有一天会累倒。

面对员工的牢骚，稻盛和夫思索片刻之后，向他们讲述了自己对于努力的理解。他认为创业就像一场马拉松比赛，京瓷入局太晚且技术水平不高，在这条长长的赛道上，已经被落得很远，如果想超越对手，就必须用比所有人都快的速度向前飞奔才行。当然，他也理解某些人担心身体吃不消，可这就是京瓷的现状，如果不付出比任何人都多的努力的话，很难有成功的可能。如果一味担忧身体，或者敷衍了事，倒不如直接放弃这场比赛。

任何努力都值得肯定，可想要完成人生的逆袭，势必要赶超跑在自己前面的人，这就需要我们付出加倍的努力，比所有人还要多的努力，才能达成目标。

第四届德国科隆电影节上,电影《天赐》成为当年最耀眼的一匹黑马,夺得了"最受观众喜爱的电影"大奖。令人震惊的是,这部电影的制作团队只有三个非专业科班出身的年轻人。他们用了整整七年时间,才拍摄出这部讲述一只小黑尾鸥与命运抗争的电影。

在一座任何补给都需要自主携带的小岛上,三个志同道合的年轻人开始了艰难地拍摄和创作。他们用七年的时间记录了一只小鸟从破壳而出到失去一切亲人,在海浪和惊雷中不断成长的过程。正是这种常人难以想象的付出和努力,才最终成就了这部压倒一众电影巨作、惊艳世人的作品。

努力看起来很简单,但想要通过努力完成逆袭却不是一件简单的事。任何人的成功都不是偶然,一定是付出了超越常人的努力,才能让人生绽放出耀眼光彩,也只有这种极限的努力才能让一个人有所成功。因此,不要再问为什么不如自己的人反而比自己成功,因为你们之间的努力亦有差距。

在擅长的领域做擅长的事，更容易取得成就

对我们而言，想要成功只有一条路可走，就是让自己所擅长的技术得到充分发挥。当我们擅长的技术达到世界顶尖水平时，就可以凭借这项技术在竞争中取得优势。

——稻盛和夫

能否成就一番事业，人们的选择至关重要。很多人喜欢挑战自己，这是一件好事，但每个人或多或少都存在一些天然的短板，任凭我们付出再多的努力也很难补足。而**真正的聪明人是不会和自己的短板较劲的，他们会在自己擅长的领域里做自己擅长的事**，这样才更容易取得成绩。

因此，在京瓷的发展过程中，稻盛和夫十分重视锤炼企业的专业技术。他认为在缺乏经验、缺少资金和员工的条件下，只有凭借自己最擅长的技术手段，才有可能在竞争激烈的市场中占据一席之地。

在进行研发时，稻盛和夫放弃迎合市场，而是以自己所擅长的技术挑选课题，京瓷销售最多的氧化铝陶瓷就是基于此研发出来的产物。这款产品一经推出，就在电子工业领域

得到了广泛的使用。

后来，稻盛和夫在研发过程中又萌生了新的想法，并马上付诸实践。通过不断改进和调整，他们最终得到了一款可调节温度——升温迅速且能保持恒温——的加热器。该产品推出之初，市场反响平平，直到后来被应用在汽车的某个零件上，才被世人所熟知。

此外，京瓷还制造了一些在自己擅长的技术延长线上的产品，比如，Crescent vert 系列珠宝、人工造骨、太阳能电池等。这些产品都属于结晶技术下的产物，虽然外形不一致，但基础技术是相通的。

由于始终专注于一个领域并把技术做到了极致，京瓷得到了快速发展，虽然此时京瓷可以将步子迈得大一点，尝试着往其他领域拓展。但稻盛和夫认为，企业发展就像是在下围棋，一定要一个子连着另一个子，不能盲目前进。

有的人目不识丁，才疏学浅，却能成就一番事业；有的人才思敏捷，但穷其一生也没有做好一件事。究其根本，就在于两者对自己优势的不同运用。稻盛和夫认为在开拓新事业时，一定要先弄清楚自己擅长什么，之后再去行动。比如，一个人擅长销售，让他去跑业务，或许他很容易成就一番事业；而如果让他去研发产品，他可能会磕磕绊绊，前路渺茫。

同时，我们也要懂得不断提升自己所擅长的技能，这么做的意义在于可以让我们适应更高强度的竞争。"一招鲜，吃遍天"，一旦我们能将自己擅长的技术打磨得炉火纯青，那么这项技术在任何时机、任何条件下都能得到释放，对手将会对我们毫无办法。

很多人之所以能够在事业上一飞冲天，主要得益于他们对自己有一个清醒的认识。这样的人往往会选择去做自己擅长做的事，并在自己擅长的领域全力以赴。俄罗斯撑竿跳女皇伊莲娜·伊辛巴耶娃（Yelena Isinbayeva）的成功就是最好的例子。

伊辛巴耶娃在5岁时被母亲送到体校学习体操，她十分刻苦，每天都要花费大量的时间进行训练，下腰、倒立、跳跃，每一个动作都不曾懈怠，这一坚持就是整整10年。而10年后的一次选择彻底改变了她的人生，当时，伊辛巴耶娃已经15岁，身高达到了1.7米，虽然体操动作依然纯熟，可碍于身高因素，灵活度难免有所下降。恰逢撑竿跳项目正在挑选运动员，在教练的建议下，伊辛巴耶娃毅然决然地放弃了已经打下10年基础的体操项目，转到撑竿跳的训练中。

由于拥有体操的功底，伊辛巴耶娃的柔韧性、舒展性、协调性都十分出色，只需要提升爆发力即可。优秀的运动天赋加上超强的领悟能力，仅1个月时间，她就掌握了撑竿跳高的动作要领。5个月之后，她后来居上，超越了其他运动员，顺利拿到了参加国家级比赛的机会，并且一跳成名，获得全国青年赛冠军。随后，她便开始了征战国际舞台的旅程。

2003年，21岁的伊辛巴耶娃第一次打破女子撑竿跳世界记录，并用行动向世界宣告，属于伊辛巴耶娃的撑竿跳时代已经来临。在整个运动生涯中，她一共打破了28次世界记录，被世人冠以"撑竿跳女皇"的称号。

美国著名政治家本杰明·富兰克林（Benjamin Franklin）曾说："宝贝放错了地方，便是废物。"可见，人只有在自己最擅长的领域才是最强大的，做自己擅长的事才更容易达到理想的彼岸。

驱除浮躁，沉下心来，才能成为真正的高手

我们不能为了某个急功近利的目的做事，要相信忍耐和坚持的力量。只要我们时刻谨记目标，沉下心来做事，就能有所收获。

——稻盛和夫

浮躁是现代人的通病，便捷的资讯让人们见识了太多的"一夜成名"，那些轻而易举的成功不断撩拨着人们的内心，以至于让人们忘记了任何工作都需要先驱除浮躁，沉下心来做事。

2005 年，距京瓷成立已经过去了 46 年，稻盛和夫出席了第二电电的 21 周年晚宴，见到了曾经为京瓷的发展立下汗马功劳的老伙计们，一时间感慨万千。许多年前，京瓷还只是一家不起眼的小企业，聚集了很多刚刚毕业的年轻人，正是这些伙伴们的努力，才成就了后来的京瓷。可也有另外一些人没能等到京瓷成功的那一天，他们有的嫌弃京瓷没有前景，有的因为不满公司扩大生产却没有分红，而早早地选择离开京瓷。

面对这些陪伴自己走到最后的人，稻盛和夫感慨地说道："虽然我们是因为走投无路才聚到一起的，但也正是你们的努力，才有了京瓷的今天。"

听到稻盛和夫将成功全部归功于大家，有人当即站起来说："当时，我和很多人一样，质疑过京瓷的发展，但因为我认定您的实力和抱负，所以愿意和您一起努力。正是遇见了您，我们才最终取得成功，家人也都过上了衣食无忧的生活。"

稻盛和夫摆了摆手，进一步解释道："不，那是你们真的了不起，当时有太多人觉得京瓷是一家没有前景的公司，但你们还是愿意相信我，愿意沉下心来追随我。今天的一切都是你们自己创造出来的。"

后来，稻盛和夫在《干法》一书中为这段经历做了总结："看不到希望的年轻人走了，一同创业的聪明人耐不住寂寞也走了，最终却落了一个碌碌无为的结局。倒是那些能够沉下心来做事的人，真的做成了事。"

人内心的浮躁源于外部环境的不确定性，生活节奏的加快导致人们对刺激反应的阈值提高，从而降低了耐心。比如，"三天学会流利英语""一本书教你月入过万"等缺乏真实性的宣传文案充斥网络，导致快餐文化大行其道。在这种环境下，很多人急切地想要找到自己的定位，发挥自己的价值，从而做出了一些不太理智的行为，比如，频繁跳槽、持续不满自己的工作内容、看不起上司等。这些人不愿意为工作付出太多的精力，又经常埋怨回报太少，进而忘记了一个人该如何去努力，如何脚踏实地地做好一件事。

其实不只是年轻人，很多在事业上小有成就的人也会出现这种问题，他们盯着那些一夜暴富的例子，按捺不住内心的躁动，盲目扩张和转型，根本不考虑实际情况，一旦遭遇失败，就下意识地将错误归结为运气太差，根本没有考虑过做事的合理性、可行性。

我们想要做出一番成绩，就必须戒掉内心的浮躁情绪，沉下心来认真规划。懂得谨言慎行、顾全大局，才不会将事情弄得一团糟。

1997年，《泰坦尼克号》上映后不久便打破了美国影史票房纪录，连续三年成为美国票房最高的电影，并在第70届奥斯卡金像奖上狂揽11项大奖。导演詹姆斯·卡梅隆（James Cameron）一时间风头无两，铺天盖地的荣誉和偌大的名气让他的事业迅速攀上了顶峰。人们本以为他会趁热打铁多拍摄几部电影，却不料他居然从大众视野中消失了。整整十二年，卡梅隆一直静静蛰伏，直到2009年，他带着《阿凡达》回归影坛并再创佳绩，一举打破了当年的全球影史票房纪录，并获得了第67届金球奖最佳导演奖。

稻盛和夫晚年时在京都圆福寺剃度出家，旨在修心。一来，他对佛学的教义和哲学很感兴趣，希望通过亲身体验来加深自己对佛学教义和哲学的理解；二来，他希望通过苦修，将正确的为人之道化入自己的知性和理性中，以理性为主导，尽可能压制内心的躁动，达到清静的状态，最终使自己的人生变得更加圆满。

稻盛和夫认为人很难逃脱情绪的影响，在他看来，一个人如果不能把心镇住，情绪就会变得越来越浮躁，心灵也会随之粗糙，判断就容易出现失误。为此，在修行期间做凝神静气的练习，哪怕一天一次都是有必要的。

实际上，能够将心镇住是人自我管理的一件大事，无论是创业还是工作，我们都要努力认清现实，减少外界环境的影响，驱除内心的浮躁。哪怕一天只花上30分钟，也要给自己一次稳定内心，使自己能够更好地沉下心来的机会。

改变对工作的消极态度，就能改变命运

> 命运并非虚无缥缈，而是真正存于世间，但它并不是无法抗拒的。一个人的命运会随着人的心态而变化。能够改变命运的只有自己的心，命运始终掌握在自己手中。
>
> ——稻盛和夫

稻盛和夫认为，改变命运的第一步是认识命运。命运，即宿命和运气，但大多数人都不相信命理，而习惯地将它视为偶然。对一个人来说，罹患癌症、发生车祸、公司破产、妻离子散等一切事件，都是偶然的产物，即使这个人遭遇诸多不幸，也只不过是多个偶然交织在一起。

人们出现这种想法的根源在于，命运无法用科学来解释。当一件事无法被科学证实时，人们往往会把它归于迷信，作为大众茶余饭后的谈资，比如，"宿命论"在一些人看来就是荒诞不羁的。但实际上，命运是一个经久不衰的话题，每个时代都会有人发出"我的人生为什么是这样的"的疑问。于是，在解读命运的基础上，诞生了以占卜、卦象为手段的易学、星相学、占星术等，我们又不得不承认这的确是一门

神奇的学问。由此可见，命运虽未被证实，但毫无疑问是存在的。

稻盛和夫一直以来都是一个推崇合理性、科学性的人，但他也肯定了命运的存在。他认为，**一个人的命运是由上天和自己共同决定的，命运可以帮助人们了解人生，并教人们学会正确度过人生的方法**。同时，我们也可以利用自己的力量去改变先天的命运。

青少年时代的稻盛和夫可谓历经磨难：升学频频落榜，患上肺结核导致身体孱弱，临近毕业却找不到工作，只得在老师的介绍下进入了一家濒临倒闭的企业……命运的残酷让当时的稻盛和夫内心隐隐作痛。当然，他也可以像大多数人一样怨天尤人，牢骚满腹，可这么做又有什么意义呢？

稻盛和夫认为整天埋怨命运的不公，嫌弃老板看不到自己的才华，除了让自己的心情变得更加低落以外，没有任何价值。既然改变不了环境，那就尝试改变自己的想法和态度。想通了这一点，稻盛和夫开始将所有精力投入到本职工作当中，人生由此进入了一个良性循环。

当抛弃了消极念头，稻盛和夫的内心变得越发平静，兢兢业业地工作让他的研究越来越顺利，成果也十分显著。稻盛和夫表示，正是自己心态的转变才迎来了人生的转机，原本预想中昏暗的未来也发生了戏剧性的改变。

在松风工业研发新材料时，实验接连失败，原料粉末始终无法成型，稻盛和夫每天都忙得焦头烂额。直到有一天，他不小心踢翻了一个容器，鞋子上沾满了松香，观察着松香的状态，他灵光一闪，原来实验中最适合的辅助材料是松香。一番实验下来，稻盛和夫解决了很多权威专家都无法解决的难题，而他这个毛头小子也凭借该成果一跃成了新型陶瓷行业的专家，令人难以置信。

当时，稻盛和夫认为自己的成功只是偶然，像这种灵光乍现的机会可遇而不可求。让他没想到的是，这种好事竟接二连三地出现了。比如，他在烧制一款产品时，总是出现翘曲的情况，无论怎样调整原料比例、机械和模具，都无法解决这个问题。当他紧盯着炉子里的产品时，脑海中突然涌现出一个想法：既然它一直翘曲，那找一个重物压住它好了。于是，稻盛和夫找到一块耐高温的材料，用它压住产品，果不其然，他烧制出了合格的产品。

美国成功学大师拿破仑·希尔（Napoleon Hill）曾说："人与人之间其实存在着很小的差异，可这些小的差异却会造成很大的差距。小的差异就是一个人的心态是积极还是消极，大的差距就是成功与失败。"

一个人面对人生所持有的心态往往决定了他未来的路。**积极的心态能帮助人们攻克难题，时刻心怀希望，保持旺盛**

的斗志；消极的心态会让人变得沮丧、失望、缺乏自信，从而扼杀身上的所有可能性。不同的态度决定了人生的选择，也注定了人生的结果。

佛经上有句偈言："心如工画师，能画诸世间。"一个人的心就宛如一支画笔，他想什么就会画出什么，不同的人生态度会造就不同的人生画卷。无论幸运还是不幸，高峰还是低谷，无一例外都源自我们的"心相"，它才是会在人的身上开花结果的那颗种子。

越是面对逆境，越要保持积极的工作态度

当我们在遭遇失败和苦难的时候，不要牢骚满腹，不要怨天尤人，而要咬紧牙关，坚持努力。正因为逆境，努力才更有意义。

——稻盛和夫

1973年底，第一次石油危机爆发，世界性的行业萧条波及京瓷，短短6个月，京瓷每月的订单从27亿日元锐减到3亿日元。当时任何行业都不景气，大批工人失业，可就是在这种情况下，京瓷不仅没有裁员，还凭借着经营者和员工的共同努力，顺利保住了京瓷，甚至没有出现亏损的情况。

当时由于订单减少，京瓷的很多员工都无事可做，如果任由这些人整天待在工厂里，就会将工厂的工作气氛搞得很松弛，稻盛和夫果断将多出来的员工调离了现场，转岗到相应的销售岗位。京瓷平时的分工十分明确，研究、开发、生产、销售各自独立。值此危机，稻盛和夫为了确保企业能正常运转，便提议让所有手头没有分配到任务的人外出做销售。一些完全没有销售经验的生产、研发人员也开始向客户

推荐产品，提出建议，拼命争取订单。

这一举措在使销量最大化的同时，还让生产人员和销售人员产生了交流。一般来说，很多企业的生产人员和销售人员都是对立的关系。当订单太少时，生产人员会抱怨销售人员卖不出去，销售人员也会反过来责备生产人员生产的产品不好。可当生产人员真正参与到销售中，慢慢就能明白销售人员的不易。

稻盛和夫认为，在萧条的市场环境下，企业削减成本是顺利生存下去的唯一机会。除了全员参与销售工作，京瓷还大力削减各方面的经费。在订单数量和单价全部下降的压力下，必须大幅削减成本才能维持盈利，这时员工就会考虑当前的方案是不是最好的，材料成本还有没有下降空间。最关键的是，在企业景气的时候，员工对削减成本这件事完全不上心，但企业步入萧条期，为了保住工作，每个人都会义无反顾地为企业献策。在全员共同的努力下，京瓷顺利地度过了漫长的萧条期。

在面对逆境时，很多人都会选择被动接受，将不幸和挫折归为天灾人祸，被消极的心态所支配。可失望每增加一分，困难就会随之增长一分，越是妥协退缩，越看不到希望。逆境的到来是没有征兆的，当我们陷入逆境中时，需要考虑的根本就不是接受与不接受的问题，而是如何从逆境中突围。

对所有人来说，唯有努力方可解此危机。

稻盛和夫认为，正因为身处逆境，努力才更有意义。因为，**逆境是阻碍，但也是一个千载难逢的机会。**一个人或一个企业置身一片哀嚎中，如果能付出远超常人的努力，坚持着让自己度过寒冬，就会与曾经的对手拉开很大的距离，从而占尽优势。

"冰激凌哲学"是对于逆境最好的解读。冰激凌的销售旺季一般是夏天，可"冰激凌哲学"的提出者却主张冰激凌商贩的经营活动必须从冬天开始。在寒冷的冬天，购买冰激凌的顾客很少，商贩想要提高利润就必须降低成本，改善自己的服务。如果商贩能够在冬天的逆境下实现生存盈利，那么等夏天到来之后，他在与对手的竞争中就会占尽优势。

提出"冰激凌哲学"的王永庆，就是一个善于用努力来突破逆境的人。他在16岁时做出了人生的第一个重要决定——拿着父亲借来的200块钱创办了一家米店，但开张之后生意却很惨淡。经过调查，他发现：附近的日本米店拥有特色优势，而城里的米店历史悠久，拥有很多老客户。在这种困境下，王永庆另辟蹊径，开始走街串巷推销自己的大米，还为客户提供免费淘洗陈米、清理米缸的服务，一番操作下来，他收获了很多客户。当时，由于大米的加工技术不成熟，所有米店中的大米都掺杂着小石头和沙子，顾客对此也是见怪不怪。但王永庆在开门之前，总是会将大米中的杂物清理干净，顾客得到了实惠，就会再次光临。几年之后，王永庆又开办了一家碾米厂，正式开启了一代"经营之神"的商业之路。

逆境并不可怕，关键在于我们对待逆境的态度。稻盛和夫十分重视企业在逆境中的选择，他不仅会提前准备应对萧条期的预防策略，还会在逆境到来时更加努力地工作，身先士卒，带领员工们走出困境。因此，我们在面对逆境时，千万不要束手待毙，处境越是艰难就越要敢于尝试，努力摆脱困境，只有这样才能实现绝地翻盘。

正面的思维方式，才是美好人生的路标

> 负面的思维方式既无法解决问题，又不能帮助我们成长，基于正面的思维方式所产生的判断和认识才会带来好的结果。
>
> ——稻盛和夫

稻盛和夫将自己的人生观和工作观总结成了一个方程式："人生或工作的结果＝能力 × 热情 × 思维方式。"其中，思维方式是整个方程式的灵魂，它决定着剩余两个要素的发挥方向。

该方程式源自稻盛和夫对青年时期经历的感悟，他在求学期间频频受挫，无论是升学考试还是就职考试都不太理想。于是，在参加工作后，他开始思索一个问题：一个平凡的人该如何做才能获得美好的人生？

通过观察周围的人，稻盛和夫发现影响人生结果的个人属性有三种：能力、热情以及思维方式。

所谓能力，就是一个人天生的资质，如智商、运动能力等，这种天赋是人们漫长人生旅途中最重要的一笔财富。但它很难通过后天努力获得，只能因人而异，常见的例子就是

运动员的静态天赋，如达到职业要求的身高臂展等不是努力就能改变的。

所谓热情，就是一个人的努力程度。现实中既有懒散怠惰的人，也有对人生和工作充满激情的人，他们的努力程度是不同的，后者远高于前者。不同于能力，热情会受到自我意志的影响，当一个人意识到自己必须付出努力时，他的热情值就会升高，反之就会下降。

如果将能力和热情通过数值表示，两者按照不同的程度，在0与100之间取值，就会发现一个问题。比如，当一个人智商很高、头脑很灵活时，他的能力值可以取90；由于天生聪慧，他往往不怎么努力，热情值可取30，最终的潜力达到了2700。而另一个人资质相对平庸，能力值可取60，但他深知自己天赋不如他人，会拼命地努力，热情值可取80，那他最终的潜力就达到了4800，远超前者。

因此，稻盛和夫认为一个人即使能力很平凡，但只要足够努力，就能弥补能力上的不足，最终取得的成果也毫不逊色那些天赋异禀的人。而稻盛和夫本人恰恰就付出了不亚于任何人的努力，才让京瓷达到了一个让人仰望的水平。

为什么稻盛和夫说想要获得幸福的人生、成功的事业，持有正面的思维方式很重要？原因在于思维方式是一个特殊项，它有正负之分，正面的思维方式代表的是公正、诚实、善良、克己等态度，负面的思维方式代表的是伪善、怠惰、任性、嫉妒等态度，按照上面的计算方法，这就意味着思维方式的取值范围为 –100 至 100，与能力、热情存在本质上的区别。

由于公式以乘法计算，当一个人持有正面的思维方式时，公式的结果就会得到一个更大的正值；反之，如果持有负面的思维方式，哪怕数值只是一个很小的负数，结果就会变成负值。此时，如果他的能力越强，热情越高，就会对其人生和工作造成更大的负面影响。

以刚才的数值为例进行计算，天赋平庸的人如果持有的是正确的思维方式，数值取 80，其结果就是 384000，这个数值很高。但如果能力和热情相同，而思维方式有些偏差，数值仅仅取 –2，最终的结果就是 –9600，说明这个人的人生偏向了歧途。由此可见，**思维方式是人生或工作的一种导向**。

稻盛和夫见过很多经营风险企业的人，他们往往才华横溢，对工作充满热情，可一旦他们创办的企业成功上市，获得了巨额财富，他们的人生态度就会发生翻天覆地的变化，自认为钱可以买来一切，由此变得刚愎自用，最终从历史舞台上消失。这类人失败的根本原因，就是思维方式由正值变成了负值。

稻盛和夫认为,如果一个人不警惕、纠正自己负面的思维方式,不论是否成功,都不可能拥有美好的人生。想要获得幸福的人生、成功的事业,就必须持有正确且正面的思维方式。

经过一生的实践,稻盛和夫愈加觉得这个"人生方程式"可以准确地展示所有人的工作和人生,也能够成为指引人们前进方向的灯塔,帮助人们找到更加美好的人生。因此,稻盛和夫希望每一个人都能持有正面的思维方式,像他那样付出不亚于任何人的努力,将自己已有的能力发挥到最大限度,把工作做得更加出色。

04

助你爱上工作的有效方法

如果你始终厌恶自己的工作,那么必将一无所获。稻盛和夫说:"无论如何,都得喜欢上自己的工作。"当你转变观念,真正爱上自己的工作,并一心一意埋头工作后,你就更容易做出非凡的成果,获得外界积极的反馈,这又会促使你日后更加努力,由此形成良性循环。

试着去改变对现有工作的态度

充实的人生有两个选择，一个是从事自己喜欢的工作，另一个是喜欢上从事的工作。一个人碰上喜欢的工作的概率非常小，大概不到千分之一、万分之一。与其去寻找喜欢的工作，不如先喜欢上自己已有的工作。

——稻盛和夫

稻盛和夫表示，**想让自己喜欢上现有的工作，首先要做的就是改变对工作的态度。**

很多年轻人认为，对待不喜欢的工作根本不需要浪费时间，换了就是了。或者就算留下来了，也抱着骑驴找马的心态，一边做一边想着换工作。尤其是刚毕业的职场新人，从校园到职场，经历了惶恐、迷茫后发现自己不喜欢、不适应现有的工作，但迫于生活压力只好勉强接受，以凑合着干的消极心态对待工作，原本的一身朝气变成了一身暮气。但这种不情不愿的工作态度只会让他们感到疲惫和痛苦，很难在工作中有所作为。

稻盛和夫从事的第一份工作也是他不喜欢的。他从县立鹿儿岛大学工学部应用化学系毕业时，正赶上日本经济一片萧条，就业形势很严峻。想要去的公司不招人，无奈的稻盛和夫只能在老师的帮助下进入松风工业，成为一名技术人员。

当时的松风工业是一家又小又破的陶瓷厂，因为管理层内斗不断，连年亏损，濒临破产。第一个月该发工资时，公司领导却说："现在没钱，大家等一等。"有同事调侃道："在这样的公司工作，连媳妇都娶不到。"

后来，与稻盛和夫一起进入工厂的几个同学都跳槽了。稻盛和夫和另一个同事也商量着去参军，然后他给家里写信，请家人把户口本寄过来，报名参军时需要用到。结果，和他一起做决定的同事顺利走了，他却迟迟没有收到家人寄来的户口本。

看着同事们一个个另谋出路，自己却只能待在这个倒霉的公司，稻盛和夫对此感到很沮丧，他回忆当时的情景说："绝望感让我几乎精神崩溃。"后来他才知道，是哥哥不肯给他寄户口本。哥哥责怪他不懂事，家里倾尽全力供他上大学，他好不容易托老师的关系进入京都的公司上班，却没上几个月就不想上了，简直是忘恩负义。

在那段孤独的时光，支撑稻盛和夫坚持下来的主要动力是他的妹妹。妹妹辞掉原来的工作，在陶瓷厂附近找了一份包装奶糖的工作，承包了他的早餐和晚餐。在这期间，稻盛和夫的心态发生了巨大的转变。他想，既然走不了，老是抱怨也不是办法，就算辞职了，未来就能找到更好的工作吗？还不如改变态度，努力把眼下的工作做好。

稻盛和夫下定这个决心花了大约半年时间。之后，他卷着铺盖，拿着吃饭的家伙住进实验室，一头扎进对新型陶瓷的研究中。遇到不懂的知识，他就去大学图书馆找相关的文献资料。当时还没有复印机，他看到重要的内容，就马上抄下来。他还向美国陶瓷协会借阅论文，一边查字典一边翻译。虽然当时的他手头拮据，但还是坚持买了一些研究需要的书。

接着，稻盛和夫根据这些资料、书本上提供的方法去做实验，有了实验结果，再寻找新的理论解释，然后再做新的实验……他想："这样的研究，大学里估计不会有吧，说不定全世界只有我一个人在钻研呢。"枯燥的研究因此变得熠熠生辉起来。

稻盛和夫发现，在不断重复的研究过程中，之前的不顺都悄悄消失了，取而代之的是接连出现的优异的研究成果。他开始频繁得到上司的表扬，并被公司寄予厚望。最重要的是，自从转变了对工作的态度，全身心地投入研究，稻盛和夫觉察到了陶瓷行业的魅力和前景，工作变得越来越有意思了，他开始感受到这份工作的意义，也越来越喜欢它了。

经过一年多的研究，稻盛和夫成功合成了全新的高频绝缘材料镁橄榄石。年纪轻轻就取得了这样的成就，让公司的董事们都开始对这个与众不同的年轻人另眼相看。

稻盛和夫说，要想改变自己不如意的现状，就得抛弃"工作是别人要我做的"这种错误的想法，摒弃精神上的负能量。如果他当时没有转变态度，没有爱上自己的工作，一直怨天尤人，牢骚满腹，怎么会有后面成功的机会？

喜欢的工作，如同一座空中楼阁，美丽却不太切合实际，能恰好拥有它，拼的多是运气。而对多数人来说，工作就是一座真实的房子，或许不是自己喜欢的模样，但贵在能遮风挡雨，能给自己一份基本的生活保障。

如果喜欢的工作没有降临在自己头上，那就试着喜欢上自己现有的工作，在把自己的房子修缮得更加坚固的同时，也把自己的人生打磨出光亮。

像和喜欢的人谈恋爱一样迷恋工作

坠入爱河中的两个人再辛苦也不会觉得苦。学会和工作谈恋爱,你的良性循环就开始了。

——稻盛和夫

每个人都喜欢恋爱的感觉,喜欢两个人相处的甜蜜,喜欢彼此互相牵挂的幸福。如果我们可以像喜欢谈恋爱一样喜欢工作,那我们还会觉得工作枯燥无聊吗?答案肯定是否定的。

年轻时代的稻盛和夫虽说十分看重工作,但也和大多数年轻人一样,上班恋爱两不误。晚上下班后,他会盛情邀请自己喜欢的女孩一起去看电影,然后送对方回家。本来两人乘坐的电车可以直接到达女孩家附近的车站,但稻盛和夫为了和女孩多待一会儿,会拉着对方在目的地的前一站下车,走很长一段路后才将对方送回家。

事实上,稻盛和夫每天的工作量都非常大,在约会之前,他已经十分疲惫了,可他还是愿意陪着女孩走这段路,并且乐此不疲。用稻盛和夫的话来解释,这种状态就是"有情人相会,千里变一里"。

意大利帕维亚大学的一项研究表明：热恋期情侣的大脑会无意识地下达一种指令，使身体分泌出一种化学物质，研究人员将其称为"爱情荷尔蒙"。由于荷尔蒙的作用，人们会表现出充满激情的状态。激情是情绪的一种外化表现，源自人们内心对某些人或事物拥有着强烈的情感。当人们处于充满激情的状态时，就会表现出高度的自觉，调动全身的力量，驱使自己完成工作目标。

而工作的最高境界就是和工作"谈恋爱"。**如果我们能够像对待恋人一样对待工作，怀着满腔热情去迎接每一项工作内容，尽自己最大的能力做好，那么这个过程会反馈给我们类似于恋爱般的奇妙感受。**因对工作过于投入，有的人经常一工作起来就忘记了时间，这些"工作狂人"之所以会陶醉其中，和其身体内分泌的荷尔蒙密不可分。

很多年轻人初入职场时，往往会怀揣着美好的想象开始他们的职业之路，能够积极主动完成上司交代的工作，每一天都干劲十足。可一段时间之后，他们的积极性就会因各种问题而逐渐降低，到最后索性将自己当作一个工具人，才刚上班，就眼巴巴地盯着下班，完全以一种应付的状态对待工作。

有人问潜能导师史蒂芬·柯维（Stephen Covey）："如果我不爱自己老婆了，该怎么办？"史蒂芬回答说："那就去爱上你的老婆。"解决这个问题需要的不是方法，而是信念。

如果有人问稻盛和夫，不喜欢自己的工作怎么办？他的回答会和上面的答案类似，那就是"去爱上你的工作"。关键就在于"去"，用"去"这个行为来建立"爱"的信念。

关于"热爱"的问题，不妨倒过来思考，既然由热爱而沉迷的情况可遇不可求，那就用沉迷来催生热爱。这种方式在心理学上被称为"正反馈效应"，即不管喜不喜欢，先将精力投入进去，竭尽全力去争取某个成绩，当真正做出该成绩时，你就会得到周围人的认可和称赞，也会获得一定的成就感，而这些感觉会催生出更多的动力和信心，推动你继续完成这项工作，从而形成一个良好的循环。至此，爱上这份工作就只剩时间的问题。

在坠入爱河的人眼中，恋爱只有甜蜜和快乐，不管怎么折腾都不会觉得累。如果一个人在工作中可以保持恋爱的状态，自然一切困难都将不在话下。正因为迷恋，旁人眼中看似枯燥、乏味的事情都会让自己格外沉迷；也正因为迷恋，不管遇到什么样的困难，身处什么样的艰苦环境，自己也都能坚持下去。

因此，我们要每天不断鼓励自己，给自己加油，尝试将那些负面的情绪甩到一边不去理睬，像喜欢恋人一样喜欢自己的工作，像对待恋人一样对待工作。在我们全身心地投入到一段感情中时，当恋人生气时，我们会耐心地哄他开心；

当恋人伤心时，我们会积极地安慰，一切都以恋人为主。而我们对待工作时也应该如此，做到一切以工作为主。

想要改变现状，就要抛弃自己的负面想法，任何与抱怨、失望相关的情绪都不应该长时间的存在。努力让自己爱上现有的工作，你就会发现原来自己还可以这么有激情。

坚持钻研创新，让枯燥的工作变得有趣

> 人总是重复平淡的工作，就会慢慢失去对工作的向往。而钻研创新可以让枯燥的生活变得有趣，让平淡的生活变得精彩。
> ——稻盛和夫

任何人都不是一开始就讨厌工作，而是在不断重复、缺乏新意的工作过程中丧失了激情。当一切都归于平淡，就会显得格外枯燥，想要摆脱这一现状，就要利用钻研创新为工作带来新的刺激，重燃自己的激情。

京瓷这个品牌可谓享誉世界，在很多领域掌握着尖端的技术。但京瓷在起步时，不要说这些横跨多个领域的尖端技术，即便在精密陶瓷领域，其技术水平也不太突出。能取得如今的成就，靠的就是京瓷人不断地钻研创新。

"U字形绝缘体"是稻盛和夫研发的具有高绝缘性能的材料，它在当时是制造电视机的核心元件，松下公司生产电视机所需的U字形绝缘体就由京瓷提供。就在U字形绝缘体为京瓷赚得盆满钵满之际，稻盛和夫却将目光转向了新产品的研发，其中就包括功能强大且能够替代U字形绝缘体的产品。果不其然，不久之后U字形绝缘体逐渐被市场淘汰，厂商开始大量购买京瓷最新研发出来的替代产品。

京瓷的发展持续攀高，让稻盛和夫更加意识到钻研创新的重要性，这也为他带来了足够的乐趣。

创新之所以让工作变得有趣，是因为创新的过程是曲折的，结果是出乎意料的。 如果我们和一个呆板无趣的人相处，过不了几天就会对他所做的事了如指掌，失去新鲜感，但和一些活泼开朗、思维跳跃的人相处，我们会觉得有意思，因为我们不知道他们下一步会做出什么样的举动。同样，如果一个故事刚看到开头就知道结尾，势必难以吸引人读下去，反之，如果故事情节跌宕起伏，总是让人出乎意料，这样的故事就会让人欲罢不能，反复阅读。

稻盛和夫开始根据新型陶瓷的特点，比如，耐热性好、硬度高、不易磨损等属性，追求一切可能性，并积极地向其他行业进行探索。

经过一段时间的走访调查，稻盛和夫选择了纺织机械。当时尼龙化纤材料刚刚问世，其由于过于坚韧，在纺织过程中对机器的金属零件磨损太大，稻盛和夫立即决定开发相应的陶瓷零件作为替代，并大获成功。

再次成功让稻盛和夫异常兴奋，他几乎每天都在思考和了解还有哪些地方能够用到新型陶瓷。随后，他又发现了晶体管，并用陶瓷工艺成功生产出了其中一个名为"标头"的元件。这项研发让京瓷一度成为包揽全球晶体管标头生产的制造商。接下来，稻盛和夫又未卜先知地研发出了陶瓷IC封装。不久之后，晶体管果然被"IC"替代。一项接一项的创新，让京瓷得到了飞跃性的发展。

工作让人感觉枯燥乏味，其根本在于单调地自我循环。按照既定的路线，对照以往的经验走一遍过去的老路，没有新的刺激，人们内心就很容易丧失对工作的热爱和期待。钻研创新就是在自我循环中加入新的刺激，倒逼人们抛弃老路，去探索未知，从而获得新奇感和期待感，如此，在付出大量心血最终成功后，人们就会感到前所未有的满足。

比如，一个科研人员，如果在研究中总是能打破固有的思维方式，想他人所不能想，那他一定能够做出好的研究。如果只是一味地模仿前辈的工作，利用一堆新数据去验证旧有的结论，这种工作一眼就能望到结果，自然让人感到无聊。很多科研人员之所以会认为工作无聊，就是缺乏钻研创新的能力。同理，一名老师的课十分受学生们欢迎，很大可能是因为其具有独特的授课风格，而不是像其他老师一样，以千篇一律的口吻教授课本上固定的知识。

在稻盛和夫看来，在每天的工作中思考各种可行性，常发出"为什么"的疑问，持续不断地对工作方法进行改善和提升，不仅能够增添工作的乐趣，还会取得不错的成绩。因此，想要摆脱枯燥的工作，不妨从现开始做出一些改变吧。

为每一次小小的成功热烈庆祝，增添前进的勇气

> 人们在工作中需要为每一步小小的成功而高兴，不要因成绩不够显著而故意克制自己的情绪。如此，才有利于长久地坚持下去。
>
> ——稻盛和夫

工作就像一场漫长且艰苦的修行，如果一味紧盯遥远的目标，感受身边的痛苦，难免会让人觉得人生太过晦暗。因此，人们要学会在工作中寻找乐趣，遇到开心的事就尽情开心。

稻盛和夫深知乐观的重要性，也擅长在枯燥的工作中找寻成就感。他说："我之前在一家不太景气的企业中做研究，研究出成果我会高兴，受到领导表扬也会高兴。即使这些事很小，也能让我带着好心情继续工作下去。"

有一次稻盛和夫在研究新型材料时，判断某一款材料可能存在一项具有使用价值的属性，随后经过实验证实了这一猜想。这个结果让他变得十分兴奋，忍不住手舞足蹈起来。不过，他身旁的助手却显得出奇淡定，始终用冷漠的眼光看

着开心到无以复加的稻盛和夫，并对他说："请恕我直言，我觉得你是一个很轻率的男人。"

稻盛和夫心中不解，助手当即给出了解释。他认为稻盛和夫作为一名研究员，不应该经常因一些微不足道的成绩而兴奋。他认为值得男子汉欢呼雀跃的事情一辈子也遇不到几件，如此随意的做派，难免显得有些轻浮，这种行为很难让他将稻盛和夫视为受自己尊敬的上司。

助手的话虽然让稻盛和夫心头一震，但并未使他改变自己的做法。因为，在稻盛和夫看来，当一个人始终以冷漠的眼光看待事物时，人生将变得格外无趣。**对于艰难且枯燥的工作来说，任何成功都是有价值的，都能够给人带来刺激。**不必纠结其影响力的大小，而是要充分感受这种刺激带来新的热情和勇气，进而更好地面对接下来的工作和生活。尤其是在前途堪忧的时候，这种刺激更为重要，内心的喜悦能让人们变得更加乐观和自信。

稻盛和夫表示，自己当初就是在一边研究新型陶瓷，一边享受工作中的乐趣和满足。这种心态一直伴随着他，无论是在最初的京瓷，还是到后来的第二电电、日本航空，他都会因为一些小小的进步和成功感到开心，这为他的精神世界增添了更多的生气，促使他更加积极乐观地看待自己的工作和人生。

为什么有些人能够坚持将一件困难的事情做下去？因为支撑他的就是成就感。所谓成就感，就是梦想和现实达到平衡的一种自我满足的心理感受，常出现在一个人做完某一件事或做好某一件事的时候。这些事无论大小，都能给予人们满足感和幸福感。因此，成就感代表着付出得到了回报。

一个人获得成就感时，会产生愉悦的情绪体验，提升自己对外部环境的包容性和适应性。比如，当人们在一个十分艰难的条件下取得了阶段性的成功，那他们对环境的抵触感就会降低。同时，成就感会让人更加认可自己的能力，意识到自己的潜力，从而增强自信心，驱使自己更好地完成后续的工作。稻盛和夫之所以看重每一步小小的成功，就是希望通过大量的成就感来加深自我认可度，以抵消在一些事情上遭遇的挫败感和无力感。

很多时候，工作就像爬山。很多人在遇到阻碍时会选择放弃，根源就在于见不到希望，他们一味盯着山顶，只为自己急剧下降的体力感到焦虑，却忽略了自己已经攀爬的高度。其实，任何成功都值得庆祝，不要总是告诉自己"还没到庆祝的时候"，没有鼓励，继续攀爬的动力又从何而来？

因此，当工作顺利的时候，不妨大胆表达自己的开心，当自己的成果得到别人的称赞时,不妨坦然接受并表示感谢,然后将这些愉悦的情绪化为自己的动力,让自己在接下来的工作中更加投入。

稻盛和夫说:"只有快乐的心才能使成功到来。"显然,以积极乐观的态度对待工作尤为重要,特别是在能力不足、环境很差的情况下,想要顺利地走到终点,自我鼓励必不可少。只有意识到这些微小的成功都是来之不易的,才能给自己增添更多挑战未来的勇气。

满怀爱意，认真倾听产品的"哭泣声"

相较于其他行业，制造业的产品合格率很难得到提升。想要解决这一难题就需要深入一线，像对待生命一样，带着满腔爱意，对产品进行认真的审视和观察，倾听它们的声音。

——稻盛和夫

京瓷的产品大多数都是应用在电子领域的小型零件，要想发现产品中出现的问题简直难上加难。那段时间，稻盛和夫就像一名带着听诊器的医生，时刻拿着一个放大镜，在工厂中检查烧制的产品。这个放大镜也不一般，由多枚凸透镜组成，一枚镜片可放大5倍，让他可以及时发现产品一些极为隐蔽的缺陷。

在稻盛和夫看来，拿着放大镜逐一检查新出炉的产品，就像是在观察自己的孩子，如果遇见了不合格的产品，就仿佛听到了它们的"哭泣声"。这种满怀爱意，像对待自己孩子一样对待产品的态度，让他能够发现更多的问题，促使他更快地找到解决方法，进而有效提升产品合格率。

深入一线的稻盛和夫对陶瓷的烧制过程了如指掌。在烧制时，需要先将各种原料混合塑形，再放入炉中烧制。当达到烧制温度时，炉火的颜色并不是人们想象中的红色，而是一种耀眼的白色。将泥坯放入炉中，泥坯会逐渐收缩，大概会缩小两成。收缩时容不得人们有丝毫大意，因为稍有差池就会产生次品，会让板状的泥坯出现翘曲的情况。由于几乎没有这方面的参考资料，稻盛和夫和京瓷的员工们只能自行研究。

在不断实验的过程中，稻盛和夫发现问题出在塑形上：模具施压产生泥坯，由于受力方向和力道不同，造成泥坯中原料的密度不同，导致在烧制过程中出现翘曲的情况。但即使了解了导致翘曲的原因，想要实现泥坯整体密度均匀也是非常难的。随后，稻盛和夫开始寻找其他的解决方案。通过观察泥坯在炉中的翘曲过程，他得到了翘曲温度、翘曲方向以及其他相关方面的数据，但调整这些数据还是无法有效解决翘曲问题。

有一天，稻盛和夫灵光一闪，如果在烧制过程中固定住泥坯，是否可以解决翘曲问题呢？于是，在烧制过程中，稻盛和夫尝试在泥坯上压上重物，没想到真的解决了这个问题，那些因翘曲而发出的"哭泣声"彻底从京瓷消失了。

大多数人认为工作量大、工作烦琐是导致自己工作热情消退的根本原因,这种看法是有失偏颇的,真正的原因是他们对工作的态度发生了改变,产生了惰性,缺少了责任意识。想要改变这种状态,人们就要像呵护孩子一样对待自己的工作,发自心底、不遗余力地倾注自己的全部热情。如此,才能将工作做得更加出色。

稻盛和夫在参加电视访谈节目时,一位木匠的话给他留下了深刻的印象:"树木中宿着生命,在工作时必须去倾听生命发出的呼声。"这让他重新认识了"认真"这两个字。只有极致的认真才能做好每一件事,这是无数成功人士的经验之谈。**没有人可以每时每刻都被命运眷顾,每一次的成功都需要从细微处做起。**

想要成就某项事业，必须先成为"自燃型"的人

成功的秘诀就是成为"自燃型"的人。

——稻盛和夫

在《干法》一书中，稻盛和夫根据可燃物的判定机制将人分为三种类型："可燃型"的人、"不燃型"的人和"自燃型"的人。他认为想要成就某项事业，就必须先成为"自燃型"的人。

稻盛和夫口中的"燃"可以理解为一个人的内驱力。"可燃型"的人容易被环境影响，当处于斗志昂扬的团队中时，他们会充满激情地迎接每一天的工作；当处于懒散怠惰的团队中时，他们也会习惯性偷懒"摸鱼"。这种人不会自己燃烧，需要环境或其他人的带动，才能帮助他们点燃心中的那团火。

"不燃型"的人无法被点燃。他们总是沉浸在自己的世界里，不会被外界的一切风吹草动拨动心弦，在其他人眼中通常是我行我素的形象。

"自燃型"的人随时随地都能"燃起来"，不需要借助别

人或环境的带动，不用别人吩咐也会主动前进、带头工作。他们甚至能作为"火种"，将自己的积极性和活力传递给身边的人。同时，他们还拥有很强的执行力和领导力。

这三种人面对同一个问题，会做出不同的选择。稻盛和夫举了这样一个例子：

三人居住在同一个居民楼，有一天楼道的灯坏了。"可燃型"的人进入楼道发现灯不亮，自己想修却无从下手，只能在纠结中回家。当他将这件事告诉妻子后，妻子建议说，不如打电话让物业来修。他一拍大腿，立即给物业打去了电话。"不燃型"的人进入楼道发现灯不亮，会默默地打开手机的电筒，自顾自地回家。"自燃型"的人进入楼道发现灯不亮，会立刻买来灯泡，从家里拿来工具将灯修好。

三个人的不同做法代表了三种工作态度。"可燃型"的人属于被动接受的类型，当领导需要工作小组给出一份方案时，他会参与小组方案的讨论，主动给出自己的意见，表现出一种活跃的状态。可他并不会刻意去深究方案的结构和细节，只有当组长将这件事交给他的时候，他才会将这些内容归为自己的工作范畴。

"不燃型"的人属于漫不经心，没有命令不肯行动的类型。当众人讨论得热火朝天时，他总是摆出一副作壁上观的姿态，被问及对于方案的意见时，他也只是随口敷衍，给人一种不参与、不接受、不拒绝的感觉。

"自燃型"的人属于积极主动的类型，他会主动串联小组内所有人的意见，积极罗列关键要素，敲定方向，并根据已有方向给出完整的计划，然后总结分析，直至筛选出一套满足工作要求的方案。

由此可见，"自燃型"的人内驱力极为强悍，在工作中有着明确的规划，知道自己需要做什么，不需要做什么，习惯主动发现并解决问题，给外人的感觉是一种积极主动的形象。

工作的内驱力源自一个人的使命感、危机感和成就感。 建立使命感、危机感，获得成就感，不管选择哪一种方式，都能点燃我们心中的火种，帮助我们及时转变态度，养成积极主动的习惯。

无论做什么事，主动和不主动有很大的差距。著名人际关系大师戴尔·卡耐基（Dale Carnegie）曾说："除非别人要他去做，否则绝不会主动做事的人，注定一事无成。"这一观点和稻盛和夫不谋而合，稻盛和夫之所以推崇"自燃"，就是因为他明白只有主动才能获得更多的机会，拥有更多的可能。

任何岗位都不需要"木偶人"，需要别人不停地为他上紧发条。想要成长，就必须积极主动地强化自己的能力和态度，主动发现问题，积极解决问题，不能事事束手待援。但凡能被称为商业巨擘、行业精英的人，都属于"自燃型"，不管事情的大小，都能保持积极主动的态度，尽力做好自己负责的每一项工作。也只有如此，才能让自己的能力得到验证和锻炼，让自己的思维和眼界迅速地发展起来。

一个人的内驱力决定了他人生的高度，我们要努力成为"自燃型"的人，时刻以内心的渴望做燃料，点燃心中的火种，实现自己的价值，最终登上人生的高峰。

勇于在旋涡中心工作

工作就像一潭湖水,如果你能站在旋涡中心,搅动湖水并将周围的人全部裹挟进去,那你就能体验到工作成功之后的欣喜。

——稻盛和夫

每一项工作在落实的过程中,都需要一个起到核心作用的人物,他宛如风暴中心的风眼一般,四周围绕着一股上升的气流,将团队中的所有人员裹挟其中,形成摧枯拉朽的战斗力。这种自动牵头,带领同事将工作做得绘声绘色的人,就是稻盛和夫口中的"在旋涡中心工作的人"。

这类人有一个特质:**敢于挑起担子**。任何工作仅凭一个人的力量很难做到尽善尽美,势必要借助团队的力量。当一项任务摆在面前时,这类人会主动召集所有成员一起解决问题,并担起主导完成任务的责任。比如,企业领导在会议中表示目前项目进度过于缓慢,建议团队注意时间安排。会议结束后,一个年轻人召集了其他所有团队成员,提议在下班之后一同商讨如何提升项目进度的问题。这个年轻人就是**敢于挑起担子**的人。

与职位大小无关，魄力才是尝试卷起旋涡的必备因素，敢想、敢言、敢组织，才能尽快发挥出集体的力量。很多人总是习惯保持一种作壁上观的态度，担心自己的提议被否定，或者在施行过程中出现失败的情况。这种担忧往往会使他们陷入"陪跑"的境地。只要他们勇于踏出这第一步，就有希望成为团队的领导者。

实力是站在旋涡中心的关键。想要领导他人，首先必须有自己的思想，或者创新力。任何旋涡都源于现实生活中存在的问题，比如，企业领导者和员工对现状存在某些不满，希望改变现状却无从下手。此时，有人站出来主动组织人员，一起去探索如何解决这个问题，这个人就会进入到旋涡的中央。

当一个团队定下了未来的目标，所有人在一起讨论实现的途径时，谁能够主动给出解决问题的方法，谁就能把握住机会。由于长时间的积极主动做事，同时实践结果得到了很多人的认可，这个人就会收获大量的信任，不管是领导还是同事，遇到问题都想要听取他的意见，此时这个人就已经真正站在了旋涡中心。

稻盛和夫在演讲中经常提到蓬马车队队长，一位率领西部开拓队伍征服美国西部的优秀领导者。他们的旅途困难重重，面对山川沙漠的阻碍、豺狼等猛兽的袭击，所有人都忧心忡忡，沮丧悲观的情绪在车队中蔓延。队长将队员们召集在一起，选择了一个所有人都能接受的目标，并将其拆解，这一举措有效缓解了队员们的心理压力。随后，他又讲解了关于猛兽出没的知识，安抚了队员们躁动的内心。接下来的日子，队长一马当先，率领队伍奋勇前进。在队长的感召之下，所有人都斗志昂扬，紧随其后，最终成功完成了任务。

蓬马车队队长之所以能站在旋涡中心，不仅是因为队长的职务，还有让所有人都信服的实力。因此，**想要站得稳，就要通过不断地学习各种知识来提升自己的素质，让自己的能力、经验有过人之处**。只有如此，身边的人才能被感召，整个团队的凝聚力也会因此得到提升。同时，作为领导者的人，不仅要能裹挟他人，还要懂得制造更多的旋涡，鼓励更多的人站在旋涡中心工作，给团队所有人发挥自己潜能的机会。

需要注意的是，成为旋涡中心，并不是为了出风头，彰显自己的能力，满足自己对权力的欲望，而是为了更好地完成工作。只有将重心放在工作上，你的事业舞台才会无限延展。

05

崇高的目标是工作最好的动力

稻盛和夫说:"纵使是自不量力的梦想,看似高不可攀,也要在胸中牢牢立下,并坚持在同仁面前展示。这一点非常重要。"一定要有目标,你的事业才能勇往直前。而追求高目标,是获得大成功的前提。正所谓大志得中,中志得小,小志不得。

敢于制定自不量力的梦想

纵使是自不量力的梦想,也要敢于认可这个目标,并展示给世人,激励自己朝着这个目标努力。

——稻盛和夫

树立高目标是获得大成功的前提,拥有强大的野心和一往无前的勇气,正是稻盛和夫能够创办两家世界 500 强企业的秘诀所在。

京瓷在创立之初,只是一个位于京都郊区、拥有 20 多人的小作坊。但即使创业艰难,稻盛和夫只要一有机会,就会大声激励员工:"京瓷的目标一直是第一,西京原町第一,中京区第一,京都第一,日本第一,最后当然是世界第一。"

这些话在当时看起来就是痴人说梦,先不提世界第一,想要达到西京原町地区排名第一就不是什么简单的事。西京原町街区虽然不大,可当时已经有很多非常出色的同行业企业了。

比如有一家机械工具制造公司就发展得不错,由于当时汽车行业腾飞,这家公司的业务非常繁忙,机器制造时发出的声响昼夜不停。每次下班路过那家公司时,稻盛和夫都能看到里面有人在工作。这让他不由得感慨万千,这家规模不算大的企业都如此努力，看来想成为"西京原町第一"，需要走的路比自己想象的还要远。可他没有轻言放弃，依旧坚持为京瓷的员工描绘未来——成为那诸多的"第一"。

稻盛和夫在回忆起当年的情景时表示，以当时京瓷的规模和实力，无论哪个"第一"都让人觉得是自不量力。尽管没有必成的把握，他也要坚持这个看似高不可攀的目标，并将这个目标传递给所有员工，这对京瓷的崛起尤为重要。在稻盛和夫看来，每个人都拥有着使梦想成真的巨大潜力。在不断地暗示之下，人们就会将成为"第一"看作理所当然的事。在公司里，员工们也会跟你一起追寻这个看似荒谬的目标，并为此穷尽自己的热情。

梦想最大的意义就是指引，给人们指明方向，它能够带给人们一种对美好未来的期望，催生出源源不断的动力。

拿破仑·波拿巴（Napoleon Bonaparte）曾说："不想当将军的士兵不是好士兵。"相传，拿破仑的士兵背包里都有一支用于指挥战斗的指挥杖，拿破仑通过这种方式帮助所有士兵树立了一个远大的志向。军中的20多位元帅，大多数都是平民出身，这也促使所有普通士兵都相信，只要自己足够努力，也许下一个元帅就是自己。在远大志向的加持下，士兵们每次战斗时都士气高昂，浴血奋战。

在稻盛和夫看来，高目标才能促使个人和组织快速进步。

一眼望到头的目标根本不会带来强烈的刺激，只有那些远大的目标才会无时无刻鞭策着追梦人奋力前行。

俄国作家尼古拉·加夫里诺维奇·车尔尼雪夫斯基（Nikolay Gavrilovich Chernyshevsky）说："一个没有受到献身的热情所鼓舞的人，永远做不出伟大的事情来。"人的潜能是很大的，而高目标的本质就是不断挑战自我，从而激发潜能。当一个人将自己的目标定在及格线，那他在日后的测试中始终会在及格线附近徘徊，根本达不到优秀的水平。如果他把目标定在优秀，在明知自身能力不足的情况下，他会更加努力，在测试时也会全力以赴。即使没有获得优秀的成绩，其最后的结果也会远超及格线，这就是梦想的意义所在。

人生本就是一个不断追求的过程，心有多大，舞台就有多大。当一个人的梦想足够远大时，他才能铆足了劲去冲锋、去奋斗。反之，梦想过于平庸，人会陷入自我满足中，变得踌躇不前。

拥有强烈的愿望，而不只限于随便想想

你的愿望必须强烈到让你朝思暮想，以至于彻底融入你的身体，甚至当你受伤时，伤口流出来的不是血，而是这个想法，这将是达成目标的唯一途径。

——稻盛和夫

人们常用"心想事成"来祝愿他人，希望对方心中所描绘的事物或愿望，能够如愿在他的生命中出现。可想要真正促成此事，需要当事人的愿望比任何人都要强烈。这个道理是稻盛和夫在很多年前听松下幸之助演讲时领悟到的。

当时松下幸之助是一个颇有名气和声望的企业家，稻盛和夫只能算是一个创业新人。松下先生在演讲中提到了被后世引为经典的"水库式经营"：一条河流，在遭逢暴雨时会引发洪水，连日干旱时会断流枯竭，如果能在河流上建起一座水库，就能使河流的水量保持在一定的范围，降低天气和环境的影响。企业经营也应如此，在繁荣期时就要未雨绸缪，为萧条期做好准备。

但是，当时会场内的几百名企业家似乎对松下的言论并不买账。他们都希望松下先生能传授给自己一些更为实用的

经验，而不是这种过于理想化的战略。演讲结束后，一位企业家站起来表达了自己的不满："所有人都知道水库的重要性，但以我们现在的水平，根本没有余力去建造水库，您如果不教给我们具体的方法，说这些话又有什么用呢？"

面对质疑，松下先生沉默良久，缓缓吐出一句："我也不知道怎么做，但你必须建水库，你也必须这么想。"此话一出，全场一片哗然。不同于那些感到失望的企业家，稻盛和夫听出了松下先生的弦外之音，由于每个人涉足的行业、经营的状态不同，所以水库的建造方法也不同，根本无法给出满足所有企业的最合理的方法。但有一点很重要，企业家心中要有建立水库的强烈愿望，这个愿望才是一切的开始。

所谓"强烈"，是指持续的刺激。在实现愿望的过程中，人们会有太多的迷茫、困惑、恐惧，之后便会开始否定自己，否定付出的努力，否定这个遥不可及、不可实现的愿望。当**人们出现这种想法时，如果内心拥有强烈的渴望，就会驱散这些想法带来的负面情绪，继续投入到追寻的道路上**。无论是艰辛带来的疲惫，还是困难带来的阻碍，都无法影响他们对于愿望的执着。

阿尔弗雷德·诺贝尔（Alfred Nobel）的一生都致力于找到硝化甘油最安全的使用方法。1986年，诺贝尔与父亲和弟弟一同研制炸药，却因意外事故炸毁了工厂，弟弟在事故中丧生，父亲也因这次事故突发脑出血病倒。

　　亲人的离世和生活的困难没有让诺贝尔放弃研制炸药的梦想，他偷偷地将实验场地搬到了马拉仑湖的一条船上，经过多次试验，他研制出了一种由雷管引发的固态硝化甘油炸药。可意外远远没有结束，运载炸药的火车、满载硝化甘油的轮船、炸药研发工厂……世界各地因炸药而起的爆炸事故层出不穷，但诺贝尔始终一往无前，没有丝毫恐惧，最终诺贝尔真正驾驭了硝化甘油，并研发出了很多安全的炸药。诺贝尔的成功与他对炸药的专注和狂热有着莫大的关系。

　　不管梦想的大小，凡是缺乏强烈的意愿就注定无法实现。很多人做事往往"三分钟热度"，满怀斗志地想要看书学习，翻了几页就又拿起了手机，激情满满地制订了健身计划表，开始的时间却一拖再拖……为何这些人不能从一而终？关键在于推动他们前进的是一时的热情，而并非强烈的愿望。人们在对某一件事产生热情时，会马上幻想取得美好的结果，及完美的计划过程。等真正开始着手做这件事的时候，由于最初的激情已经得到了释放，人们一遇上困难便心生退念，转而被其他事物所吸引，导致最终放弃。

　　此外，恐惧失败也是导致人们容易出现"三分钟热度"的一个重要原因。即使已经做出了行动，在发现事情没有这么简单后，也会因无法承受未来的失败，而选择放弃。如果长期处于半途而废的状态下,很容易对自己的自信心和精力造成无形的磨损和伤害。

稻盛和夫认为,当一个人的内心无法时刻呼唤自己的愿望,就会找不到方法,也得不到成功。因此,在决定做一件事时,人们一定要怀揣着强烈的愿望,全神贯注地进行思考,这才是事业最终能够成功的原动力。

不要轻易放弃现在做不到的事

实现目标的路途就像爬山，人的能力也需要一个提升的过程。千万不要以现在的能力束缚对未来的想象。

——稻盛和夫

相信"相信"的力量，正因为相信，人们才会尽自己最大的努力去付诸行动，以求实现人生中大的突破和改变。

京瓷最初的产品主要提供给松下，用来生产晶体管。为了扩大规模，稻盛和夫计划以新型陶瓷技术为卖点，对东芝、日立等大型电子企业进行促销推广，可对方并不买账。

在接触的过程中，稻盛和夫发现这些大型企业具有很稳定的供货渠道，基本不可能将原来的订单开放给没有名气的京瓷。其中一家企业表示，自己手上有一批难度比较高、已经被其他厂家拒绝的产品，既然京瓷有新型陶瓷技术，能不能为他们开发一些新产品？

这是稻盛和夫最好的机会，一旦告诉对方自己对此无能为力，那么未来这家企业的订单都很难拿到了。于是，稻盛和夫果断地答应下来，表示京瓷可以开发这样的产品。但当时的京瓷并不具备相关的技术，可他已经向对方做出了承诺，如果不能攻克这个技术难关，京瓷就会永远失去这个客户，甚至还会损害到自己的声誉。

当稻盛和夫将订单交给员工的那一刻，所有人都认为他疯了，这根本是不可能做到的事情。稻盛和夫却鼓励他们说："没有设备可以去借，没有经验可以总结经验，技术上不达标只是在当前的节点，只要我们相信能做出来，付出更多的努力，在不久的将来一定能成功。所以，请大家相信自己，瞄准这个目标，加油干吧！"

将"不能做的工作"当成"能做的工作"去做，这种想法看似十分荒唐，可正是这种从不自我设限的态度，使京瓷的技术得到了飞速发展。

人总是倾向于做有把握的事，在做事之前会评估自己的能力、掌握的资源，以及最终达成的效果。这种行事风格非常稳妥，能有效避免更多的风险因素，使自己取得的收益趋于稳定。但一味地追求"有把握"，总是习惯用现在的眼光来审视自己的能力，会让人忘记自己其实存在很大的成长空间，扼杀掉无数的可能。

有这样两支球队，一支专注防守，另一支专注进攻。前者由于主观上放弃了进攻机会，基本没有进球的可能，它的获胜的概率就会很小。而后者总是在进攻的路上，只要进攻的次数够多，它获得成功的机会就会大增。如果这两支球队进行对抗，进攻队频繁进攻，但碍于防守队的防守过于出色，双方可能会以平局结束。在理论上，防守队根本对进攻队无法产生威胁，虽然进攻队总是进球失败，但赢球的概率还是要远远大于前者。

其实，这两支球队的风格对应了人们审视自身能力的两种态度：一种是以当前能力水平来看待一切问题，另一种是相信自己未来一定会做到。有把握是一件好事，但大多数人很容易将"有把握"变成"畏手畏脚"，从而无法真正了解自己的实力。

稻盛和夫认为，人的能力绝对不是一成不变的，对于能力的审视一定要用"将来进行时"。因为每个人身上都有很大的潜力而不自知，所谓"不能"只是欺骗自己，不想行动的借口。

电影《面对巨人》中，橄榄球教练泰勒用行动展示了一个人的潜力到底有多大。球队中有一种名为"死亡爬行"的训练方式，球员需要背负另一名球员向前爬行，膝盖不能着地。泰勒询问球队队长能爬多远？对方回答说30米左右，但泰勒认为他能够爬50米以上。在对方不相信的眼神中，泰勒用一条手帕蒙住了队长的眼，让他开始爬行。其间，队长反复询问教练是否达到了50米，可泰勒让他不要想这件事，坚持爬下去即可，并一直用语言鼓励他。随着队长越爬越远,原本看热闹的队员纷纷站了起来。在他倒地的那一刻,所爬行的距离接近100米。每个人的能量都超乎自己的想象,在尽力尝试之前不要轻易放弃自己。

稻盛和夫说:"人要懂得用更高的目标和要求来倒逼着自己成长,而不能被当前的能力所限制,要以未来的能力来做当前的决定。"他认为在设立目标时,一定要将"跨栏"的高度设置得比自己现有能力高一点,然后用这个目标来激励自己,注入强大的热情,持续努力地付出,从不可能中孕育出可能。

一个人如果能够以"将来进行时"来审视自己的能力,并以这种态度来面对所有事情,那么就有极大可能成就远大的目标,同时提升个人能力。

实现新计划的关键在于不屈不挠、一心一意

> 实现新计划的关键在于不屈不挠、一心一意。因此，必须全神贯注，怀揣着高尚的思想和强烈的愿望，全力以赴完成目标。
>
> ——稻盛和夫

在上面这段话中，稻盛和夫着重强调了三个关键词：**全神贯注、高尚的思想、强烈的愿望**。其中，思想和愿望承载着人们成就一番事业的动力，当这种思想和愿望是高尚的、强烈的，就能发挥出人们最大的力量，帮助人们实现计划和目标。

如前所述，第二电电在创立初期并不被人看好，因为同期还有两家知名的同类型企业。当时的日本舆论也认为，第二电电在竞争中处于绝对的劣势，他们的做法就像是攻击风车的堂吉诃德一样滑稽。

从经营的角度上看，稻盛和夫属于通信事业的门外汉，京瓷的现有技术也无法为其提供帮助。一切只能从零开始，搭建必需的基础设施，开辟新的通信网络，而竞争对手却可

以利用手上充足的资源快速发展。

从营业的角度上看,京瓷当时的规模还不算太大,如何为第二电电获取更多新的客户也是一个比较困难的问题。但结果却出乎意料,第二电电在全面劣势的情况下,在残酷的竞争中取得了最好的成绩,并且一路领先。

稻盛和夫认为,第二电电的成绩归功于开启新计划的思想和愿望,要比竞争对手更加强烈且纯粹。技术和经验随着企业持续经营自然会得到补充,但开启事业的初心如果动摇了,就会在一定程度上影响领导者的决策,从而拖缓企业的发展。

虽然当时媒体的舆论一边倒,纷纷嘲讽稻盛和夫不自量力。但他从未怀疑过第二电电的发展,因为他对思想和愿望所蕴含的巨大力量深信不疑。

何为"高尚"?**高尚是一种不掺杂任何个人利益,纯粹的创业姿态**。当一个人创业的初衷是获得名利,在企业的经营中,很多决策就会因名利而调整,甚至会为了利益放弃最好的方向。如此一来,领导者的精力无法集中在事业的发展上,企业的走向也会变得模糊。反观高尚的思想,就不存在这样的担忧,企业掌舵人总是一副气定神闲的样子,向着明确的目标发挥出自己最大的力量。

何为"强烈"?**强烈是一种紧盯目标、不被杂念干扰的**

努力姿态。稻盛和夫认为一些人之所以不理解思想和愿望中存在很强大的力量,是因为他们在开始计划后很容易出现各种担忧:市场变化会不会造成不利影响?创业过程中的阻碍是不是太多?如果失败了怎么办?这些对未来的担忧,哪怕让自己产生了一丝一毫的不安和恐惧,也会降低思想和愿望带来的力量,甚至有可能不断衰减下去。

何为"全神贯注"?**全神贯注是一种不被外界影响的专注姿态。**当人们摒弃一切外在干扰因素,就可以把全部的精力投入到事业中,不达目的誓不罢休。可对大多数人来说,外界的负面评价很容易让人对自己和所从事的事业产生怀疑,或者在得知竞争对手的发展比自己更好时,内心容易滋生焦虑,而这些情绪都不利于他们对事业的坚持。

因此,稻盛和夫认为只要以纯粹的、强烈的愿望为开端,一心一意地付出超越常人的努力,任何困难的目标都有实现的可能。这也是稻盛和夫以京瓷和第二电电证明出来的真理。

前进的最大阻碍莫过于人心生出的念头,外部因素也好,内部因素也罢,只要滋生出一些不利于企业发展的念头,就会延长通往成功的路途。撇除心中杂念,将所有的注意力和精力放在所从事的事业上,才是真正进入成功之门的秘诀。

把愿望渗透到潜意识中

当我们一天 24 小时持续思考"想要造就一个什么样的企业"时,这一愿望就会渗透到潜意识中。

——稻盛和夫

潜意识,是指在心理层面已经发生但并未察觉到的部分,它能在某一个时刻发挥出意想不到的作用。当一种念想成功变成了潜意识,就能在某个不经意的瞬间闪现出灵感。

关于潜意识,稻盛和夫举了一个开车的例子:一个人在驾校学车时,教练会为他讲解各种要领,如"握好方向盘""轻抬离合器""换挡"等,由于这个人从未接触过开车,他会试图将这些要领记在脑子里,然后再一一做出反应。结果却往往是手忙脚乱,主要因为这套操作对上下肢的协调配合要求很高,如果只凭显意识进行控制和切换,动作会显得比较生硬,也容易遗忘某些步骤。

稻盛和夫在刚学会开车的时候,曾驾驶汽车带领家人外出游玩。一天下来,他感觉身心俱疲,实际上他根本就没有开多长时间。多年以后,稻盛和夫成了老司机,即使连续开车几个小时,他也不会觉得疲惫。这是因为他已经将开车的动作化入了潜意识，根本不用去想，就能流畅地完成踩离合、挂挡、刹车等动作。

新手感觉开车很累，是在有意识地控制驾驶行为，时间一长很容易让人头晕目眩，这就是单纯的显意识控制出来的效果。而老司机不用过多思考就能做出正确的驾驶动作，这就是潜意识的作用。

如果将这种潜意识应用在工作当中，就能起到事半功倍的效果。一个人的精力毕竟是有限的，不可能一整天都被一件事困住。比如，他需要提交一份具有创意的策划案，还要接待客户，和下属沟通，这些事情交织在一起会给他带来很大的负担。这时，如果将策划案的创意渗透进潜意识，那他一整天都在思考这个创意，还不会耽误其他事情的进展。而且最重要的是，在潜意识中灵光乍现的创意往往能够抓住事物的关键，完美解决所遇到的问题。稻盛和夫在年轻的时候经常出现这种情况，突然在半夜惊醒，因为某一个他急需的点子出现在了脑海中，他会迅速将这个点子记下来，第二天再具体实施。

此外，还要**有选择地读取信息**。稻盛和夫讲过这样一个故事：一个企业家想要给企业扩展新领域，由于他自己缺乏经验和专业能力，不敢贸然采取行动，可如果不做，企业将有可能面临倒闭。于是，他每天都在思考如何拯救自己的企业。有一天，他去参加同学会，在觥筹交错之际他居然遇到自己需要的人才，对方是新领域的专家，但在公司中屡遭排挤，郁郁不得志。双方一拍即合。

为什么他能够在很多人的同学会上找到这个人？就是潜意识在起作用。试想一下，你有没有过这样的经历：在一个嘈杂的环境中，突然听到了与自己所思考问题相关的一句话。比如，你正在和邻座的好朋友交谈，在嘈杂的环境下，如果不认真听，你根本不知道好朋友说了些什么，因为你的显意识正集中在沟通上。这时，你的耳边突然传来一句话，打断了你的显意识，这就是潜意识在一瞬间盖过了显意识。如果没有潜意识的存在，你朝思暮想的创意点子、理想人才就会从身边溜走，而你却毫无察觉，错失机会。

因此，要懂得将愿望渗透进潜意识，只有这样才能一直保持前进的步调。要想进入随意驱使潜意识的境界，就需要一个全身心投入、反复持续驱动显意识的过程，如果不肯深思，始终处于平淡的状态，这个愿望就不会进入潜意识中。

在困境中坚持下去，等待事态出现转机

当一个人被逼入绝境时，能够怀揣着诚实的态度，迎难而上，就会爆发出平时前所未有的力量，绝处逢生。

——稻盛和夫

如果人们能有将自己逼入绝境中所爆发出的精神状态，就能取得令人艳羡的工作成果。

稻盛和夫最初热衷于有机化学，可在毕业之时迟迟找不到喜欢的工作，不得已进入松风工业做属于无机化学的制陶工作。可松风的条件太差，没有精通无机化学的专家，也没有像样的设备，稻盛和夫的研发工作实际上就是在摸索中进行。

在稻盛和夫看来，自己毕业于普通的大学且没有系统的专业知识，按常理来说根本不可能研发出新型陶瓷材料。可正是因为拥有永不放弃的态度，让他在绝境中看到了转机，并创造了奇迹。这种"尽人事，听天命"的工作态度，被他称为"与宇宙意志相协调"。

稻盛和夫认为，宇宙万物都在向高等生命体不断进化发展，从未在某一个阶段停止，该过程可以视为天意，而宇宙

用这种意志来推动万物向好的方面发展。当一个人怀揣着与宇宙意志相同的态度，未来的工作一定会顺畅。

永不言弃所带来的转机，一般源于人在绝境中爆发出的潜力。《京瓷哲学手册》中说："将自己逼入极限，会得到神灵的启示。"这里的启示，可以是灵感，也可以是力量。

京瓷在和松下建立稳定的供应关系一段时间后，松下突然要求京瓷的产品必须大幅度降价。稻盛和夫出席了松下召集的零部件供应商会议，众多供应商在会议上破口大骂，他很理解供应商的感受，也曾和松下的采购员当面争吵过，降价说起来容易，想要顺利消化掉降价的成本可不容易。

稻盛和夫每天都在思考，如何在保证产品质量的同时，还能在满足松下的报价基础上挤出一些利润空间。不可能使用廉价原料替代，压缩原料进价的方案又行不通，最终，稻盛和夫灵光乍现，选择了颠覆原有的生产工艺和流程，完成了自己的目标。

很多人坚信 deadline（最后期限）是第一生产力，因为在 deadline 的前一晚，自己的思维会变得异常活跃，以往毫无头绪的事情在一瞬间就能迸发出很多灵感，这些想法是自己平日里根本想象不到的。deadline 会让人嗅到危机，迎面而来的压迫感会让人比任何时刻都要集中注意力，而那些从未想到过的点子大多诞生于精神高度紧张的时刻。

力量与灵感一致，都能在绝境中爆发。新闻媒体曾报道过相关的事迹：孩子被压在汽车下，父亲以一人之力掀翻汽车，救出孩子；一位成年人被恶犬追赶，情急之下一跃翻过了3米的高墙，等等。这些人在事后纷纷表示放在平时，自己肯定做不到，当时也不知道是为什么就做到了。这就是人们在极度紧张的情况下，体内的肾上腺素飙升，使身体爆发出了强大的力量。

因此，如果主动将自己逼入绝境，不仅能获得精神上的灵感闪现，还能获得旺盛的体力和力量。但是，这一切的前提是不能轻易放弃。

稻盛和夫在工作中一直保持着这种状态，即使在行业萧条，众多企业纷纷倒闭，京瓷业绩也大幅缩水的情况下，他仍然埋头工作，不肯提前为自己安排退路，等待着冥冥之中的转机。在他看来，即使等不到转机，那也是天意，这种选择要比半途而废后，因为自己的不作为而后悔要好得多。

瞄准目标,把不可能转变为可能

将不可能变为可能,关键在于持续付出努力,直到实际做到为止。

——稻盛和夫

京瓷成立 15 年后,稻盛和夫受邀为一家著名企业的员工进行"研发"的主题演讲,当时台上的其他嘉宾都是从事高新技术开发的佼佼者,大多数人都拥有知名高校的博士头衔。演讲结束后,一位听众站起来问道:"京瓷在研发项目上的成功率是多少?"

稻盛和夫回答说:"凡是经京瓷之手研发的项目都拥有百分之百的成功率。"

场下一片哗然,有人提出了质疑:"这是不可能的事。"

稻盛和夫回答说:"在京瓷,任何研发都要持续到成功为止,没有以失败告终的事例。"这个答案瞬间引起了众人的哄笑,稻盛和夫却表现得格外认真,他认为不管什么样的目标,一旦开始就一定要做到成功为止。**只有怀揣着这般执着且强烈、不达目的绝不罢手的信念,才能获得更多的成功。**

想要创造奇迹,必须盯紧目标,用目标来逼着自己成长和进步，量力而行很难实现大的突破。人们一旦看不清目标，受困于重重阻碍，前行的动力就会大幅下降，以失败而告终。

时刻掌握与目标之间的距离是实现"不可能"过程中的十分重要的一环。很多事情都是循序渐进的，当人们能够意识到自己与目标越来越近时，他们的内心会变得越发坚定，也更有信心去触碰目标。

将不可能变为可能的关键在于有一颗不满足的心。所谓"不满足"，是指永远不在接近目标的过程中，因已取得的成就选择放弃。世上从来不缺充满野心的人，但走到极致的人却是少数，究其根本，在于他们挣脱了自我期望的束缚。前路艰难，当他们完成目标的50%后，自认为可以向世人交差，毕竟这是很多人未曾达到的水平。他们在获得内心满足的同时，也放弃了最初的目标，这种做法让他们失去了将不可能变为可能的最好机会。

电灯刚问世时，因为耗电量大，寿命短，根本无法进入寻常百姓家，为此，托马斯·阿尔瓦·爱迪生（Thomas Alva Edison）立志要做出一种便宜、耐用的灯泡。

在朋友的启发下，爱迪生尝试了棉线，他将碳化的棉线装进灯泡，接通电源，淡黄色的光芒撒向了实验室的每一个角落。棉线电灯足足亮了45个小时，成为真正意义上有实用价值的电灯。可爱迪生认为棉线的寿命太短，还需要继续改良，一段时间之后，竹丝电灯问世，不俗的照明效果加上长达 1200 小时的使用寿命，让电灯彻底实现了大众化。后来的很多年里，人们都在使用竹丝灯泡。而几十年之后，爱迪生为人们带来了钨丝灯泡，又一次延长了灯泡的使用寿命，时至今日，这种灯泡依旧没有退出历史的舞台。

只有紧盯自己的目标，不容任何懈怠，才能实现将不可能变为可能的奇迹。艰辛苦难不应该成为放弃目标的借口，每一个目标的结果只有一个，那就是实现它。

此外，瞄准目标还有更深一层的意义，它并不是简单地达成，而是去思考更多的可能性。"装满瓶子"是人们耳熟能详的故事：

老师将一个瓶子交给学生，让他将瓶子装满。随后，学生带着装满石头的瓶子交给老师。老师问学生："装满了吗？"学生回答："装满了。"老师拿出一把碎石头放进了瓶子，又问："这次装满了吗？"学生继续回答："装满了。"紧接着老师又拿出一把沙子放进了瓶子中，再问："装满了吗？"学生若有所思，回答说："没有，还能加一些水。"

有些时候，眼前的成功并不一定是最终的成功，它只是通往成功的某一个阶段的成果而已。只有紧盯目标，怀着永不满足的进取心，才能真正实现目标。

稻盛和夫口中的"瞄准目标",就是在传递一种永不满足的心态。当一个人不满足于已有的成就,时刻期待着更完美、更优秀的结果,他就能将很多理想中的可能变为现实。

06

持续付出不少于任何人的努力

稻盛和夫认为，想要在工作中取得一些成绩，必须要持续不断地付出不亚于任何人的努力。专注于一行一业，不骄不躁，埋头苦干，不屈服于任何困难。坚持这样做，你的人生就会开出美丽的鲜花，结出丰硕的果实。

"伟大的事业"乃是"朴实、枯燥工作"的积累

那些令世人惊艳的伟大事业,背后都是普通人日复一日,逐渐积累的结果。

——稻盛和夫

24小时为一天,30天为一个月,12个月为一年,生活中的每一个片段逐渐累加起来就是一个完整的人生。工作亦是如此,所有的大事都是由小事组成的,如果小事都不愿意做,大事又从何谈起?

稻盛和夫作为一名世界500强企业的创始人,见过各种各样的人才,有反应机敏,能迅速掌握诸多工作要领,堪称才华横溢的人;也有思维迟缓,但胜在踏实肯干的"笨人"。一般来说,前者往往更容易受到管理者的重视,如果企业不得不辞退一个人,那遭殃的必定是后者。最初稻盛和夫也是这样做的,下意识地将企业发展的希望寄托在那些才华横溢的人身上,可最终的结果却不尽如人意。

俗语说:"水浅难养蛟龙。"那些才思敏捷的人由于过于聪明,在短时间内会得到很大的成长,也就很容易出现自视

甚高的情况，认为如今的自己在这家公司或这个岗位完全是大材小用，为了实现自己的抱负，他们会选择离开。而那些被视作"笨人"的员工反而更愿意留下。他们勤奋刻苦，不知疲倦，往往能够在一个行业或一家公司中待上十几年，甚至更长的时间。经过漫长时光的洗礼，这些世人眼中的"笨人"会在某一个时刻蜕变成令人仰望的人。

稻盛和夫在很多年以前就见过这样的人。他们初次见面是在京瓷的一家工厂中，这个人的学历不高，但耐心很足，每次上司给他介绍工作的要领时，他都会一一记下来，随后认真完成上司交给他的工作，日复一日，从来没有发过牢骚。在所有员工中，他是最不起眼的那一种，不争不抢，兢兢业业，总能沉浸在简单且枯燥的工作中。

再次见面发生在20年后，让稻盛和夫有些难以置信的是，那个只知道勤勤恳恳做事的人竟然成为事业部部长。在交谈过程中，稻盛和夫发现他不仅成为一名高管，还是一个拥有不俗见识且颇具人格魅力的管理者。

蜕变从来就不是一朝一夕的事，正是这种甘于沉寂、持续努力的心态，成就了世人眼中的"非凡"。

稻盛和夫曾以金字塔为例解释"持续"的意义。金字塔被誉为奇迹，在那个缺乏科技的时代，能完成如此宏伟的建筑，靠的就是"持续"二字。许许多多普通人用双手将数以万计的巨石堆砌在一起，夜以继日，不辞辛苦。所以，这些饱含无数人汗水的结晶，跨越千年依然能够屹立在世人面前，这就是"持续"的力量。

关于事业，一些人往往有两种想法：一种是在脑海中描绘梦想的画卷，完全不考虑细枝末节，恨不得像坐火箭似的，能够让自己在一瞬间到达成功的目标；另一种是从大处着眼，却不从小处着手，习惯站在领导者的高度指点江山。稻盛和夫认为，这些想法和做法都是不可取的，不管多么伟大的事业，都是靠着循序渐进、持续地努力才能实现的。

盛和塾的学员曾向稻盛和夫请教，如何才能提升企业产能、推动企业发展。在对方介绍自己想法的过程中，稻盛和夫一眼就发现了问题，对方提到的"经营者利用丰富的信息实现成果"看似有用，但在实际操作中并不能提供什么帮助，而"有效地利用人、财、物等资源"也与企业发展目标无关。稻盛和夫认为利润来自生产一线，作为经营者必须去参与那些朴实、枯燥的工作，亲自去推动企业利润的上升。只有这样，经营者才能真正找到企业无法产生利润的原因，了解到如何将原材料成本降下来，只有不断积累那些小事，才能真正发现问题的症结所在。

在稻盛和夫看来，有些工作看起来不重要，却需要持续地去做，这种"持续"才是事业成功的基础。所有令人敬仰的人，毫无例外都具备"持续的力量"，他们即使一开始并不被看好，但多年的坚持，也会促使他们靠近那些遥不可及的成就。

专心致志、埋头苦干是人的不可多得的品质。人们若能够持续在行业中成长，做到不急躁、不抱怨，就能推动事业开花结果。

脚踏实地，认真完成每一天的目标

比长期计划重要的，是全力以赴做好今天这一天。这个观点也是京瓷重要的经营方针。

——稻盛和夫

很难想象京瓷在发展的过程中，几乎没有做过长期的经营计划。稻盛和夫认为，建立长期计划没有实质性意义，当一个人说自己能够预见多少年后的情形时，这种"预见"一般情况下都会以失败告终。销售额提升、人员扩充、投资增加等计划，会随着具体数额的敲定，无法避免地变成"谎言"。

人们难以控制无法预见的环境变化和一些意料之外的状况。当意外发生后，即使再不情愿，计划也要进行变更，也许将数额下调，也许直接放弃整个计划。如果这种情况频繁发生，那计划就变成了"笑话"，再也没有人在意它们。本来能够激发员工工作热情的计划，反而成为打击员工士气的因素，实在是得不偿失。

而且，目标越远大，经历的磨难和需要付出的努力也就越多。当人们已经付出了太多的心血，仍一眼望不到终点时，他们难免会泄气。这也是很多人放弃最终目标，以阶段性成就自我满足的原因之一。站在心理学的角度上分析，人是需要被奖励和激励的，当达成目标的过程太长时，在缺乏及时有效激励的情况下，人们很容易对自身产生怀疑，不仅怀疑自己的能力，还会怀疑目标的可行性。人们一旦陷入到怀疑中，就会不自觉地放慢脚步，直至停止。

因此，稻盛和夫认为与其眼睁睁地看着计划流产，不如一开始就规避这种情况的发生。在京瓷的发展过程中，稻盛和夫更加看重短期的经营计划，如年度计划、月度计划，乃至每天的计划，尽管这些计划也存在不可预知性，但至少不会相差太多。

相较于制订计划，完成计划更为重要。稻盛和夫说："全力以赴过好每一天，自然能够看清明天。"以今天看清明天，以今年看清明年，如同翻过一座又一座小山，就这样每一步都走得异常扎实，当微不足道的成果无限地累计到一定程度，那些看似遥不可及的目标就一定会实现。

人生总是伴随着迷茫，很多人在工作时都会想："为什么要这么做？""我还有没有别的选择？"越是心存长远目标的人，越会思索工作的意义，想得多了，这些人也常常会陷入找不到答案的迷雾中。稻盛和夫在工作的第一年经常产生这种想法，他窝在一个看不见前途的实验室中反复进行各种实验，而与他年纪相仿的年轻人，有的拿到了奖学金前往更高的学府进修，有的在顶尖的大企业中操作着最尖端的设备。这让他不禁怀疑自己，在这样简陋的环境下究竟能搞出什么样的成果。但这种消极的想法并未持续很长时间，稻盛和夫就将目光集中在了每天的工作上，全力以赴让自己的每一天都有所收获。最终，他带着自己的收获创办了京瓷。

稻盛和夫强调，努力的过程中每一步都很重要，按计划完成每一天的目标，是完成最终目标的基础。同样，这也是一种无形的积累过程，即使一些与核心目标不相关的工作，也能为我们提供必要的经验和眼界，对后期的发展起到一定的帮助作用。此外，完成每一天的目标，可以对抗人性中的惰性。惰性是天生的，在缺乏压力或压力不大的情况下，很多人会在事业略有起色的阶段选择给自己一些放松的空间，如果不加以控制，这种惰性就会蔓延，极有可能摧毁长期以来的坚持，导致功亏一篑。

稻盛和夫在创办京瓷的初期，就一直提醒自己，如果自己每天不竭尽全力地工作，持续地努力，企业的经营就可能变得不顺利。因此，稻盛和夫坚信，不折不扣地完成每天的目标，付出加倍的努力，是经营者乃至每个人生存的基础条件。

人生的每一个阶段都有不同的工作，只有把每一个

阶段的工作做好,才能有开启下一个阶段工作的机会。同时,每一份付出都会成为迈向梦想的台阶,走得稳才能走得更快。

不走捷径，而是要做难且正确的事

成功没有捷径，唯有愚拙地坚持努力，才是出路。

——稻盛和夫

人生总会面临各种选择，一些人之所以会陷入纠结，就是不确定自己该走哪一条路，是选择看似平坦、直达终点的"捷径"，还是选择布满荆棘、一眼望不到头的新路？在稻盛和夫看来，**走"捷径"有时候并不是一件好事，坚持做难而正确的事才是最关键的。**

年轻的稻盛和夫曾被同事诟病原则太强，总喜欢按照自己的信念行事，致使他与同事之间的关系很差，一度被所有人孤立。有人劝诫他不必太过刚正，要懂得适当妥协。稻盛和夫对此置若罔闻，依然我行我素。

后来，稻盛和夫回忆这段时光时，将自己那时的境遇比喻成率领团队攀登高山。道路艰险，身边有人恐高，有人身体不适，也有人差点失足坠入悬崖，面对这种情况，有人站出来建议他换一条相对平坦的路，可稻盛和夫最后还是坚持选择了这条崎岖的山路，并做出垂直攀登的姿态。

稻盛和夫表示，如果凡事总想着妥协，即使踏上平坦的道路，也有可能在接下来的路途中产生放弃的念头。安逸之路虽然走得轻松，但很难获得真正的幸福。如果我们确信自己走的是一条正确的路，无论前途如何艰险都要坚持，直至登上顶峰。

所谓捷径，类似于一种投机取巧的手段，爱走捷径的人自认为聪慧无比，找到了一条通天大道，实则不知平静的水面下隐藏的是何等的危机。在石油危机之前，《日本列岛改造论》的出版，让很多日本企业大肆购买土地，妄想以此赚取巨额财富。不料石油危机突然爆发，这些企业的资金深陷土地投资中，不能正常运作，致使资金链断裂，最终以破产收场。这种行为就是在走捷径，虽说高风险有可能带来高收益，但对企业的长期发展极为不利。

稻盛和夫从未参与过这种投机获利的行为，而是将全部力量集中在产品研发上，用额头的汗水提高企业的利润。京瓷走的是一条充满荆棘的道路，尽管前路艰险，好在能保证企业基业长青。

什么才是稻盛和夫口中"难而正确的事"？稻盛和夫认为在企业经营中，"难"就是别人没有走过的路，"正确"就是符合做人的基本价值观。

由于缺乏前人经验，这件"难"事不是什么人都可以做的，也不是随随便便就能成功的，所以"难"事往往会刷掉一些自以为是的聪明人。京瓷的崛起就得益于选择了一条十分艰难的道路，稻盛和夫喜欢接受挑战，完成那些人们认为他做不到的事情。正是这种无畏的气魄，让京瓷最终登上了新型陶瓷制造业的巅峰。

稻盛和夫总是刻意避开别人走过的路，一直以一个开拓者的身份追求成功。那些无人敢踏足的泥泞之地，虽艰险异常，却能够通往光明的未来，而且，只要能坚持下去，就会发现后面的路越来越宽广。

一件事情正确与否的关键在于，能否对它进行正确的判断。稻盛和夫在创业之初，对企业经营一窍不通，他只能将儿时领悟的最基本的伦理价值观作为参考，站在为人处世的角度来审视眼前的事物。比如，正义、公平、勇气、是非善恶等。稻盛和夫坚信以做人最应该具备的道德观念为出发点，即使在面对毫无经验的陌生事物时，也不会误入歧途。

在工作中，"难"指的是不要轻易妥协。选择舒适安逸的工作方式，很容易让我们失去目标，毫无挑战的工作会磨平我们的心气，让我们在漫长的时间中淡忘自己的初衷。当我们慢慢接受了"理想即是理想"的观点，现实也就在此刻止步，曾经的满腔热情也会化为"到此为止"的自我安慰。"难"却可以一直给予我们刺激，让我们时刻保持一种想要进步的精神状态，相信即使路途遥远，也终有抵达成功彼岸的一天。

"正确"是指一条能够达成目标的路径。也许前辈们的经验可以为我们提供一些参考，但那些经验之谈并不一定完全适合我们。要相信自己的判断，宁可多走几步路，也要凭借自己的力量来跨过挡在我们身前的阻碍。只有这样做，我们才能养成属于自己的处世哲学。

从长远的眼光来看，走自己认定正确的路，绝对不会让我们蒙受损失。即便我们有时候多走了几步弯路，付出了更多的成本，以后也会得到加倍的回报。最重要的是，可以有效避免自己犯下无法弥补的错误。

当我们面对选择陷入纠结中时，可以尝试像稻盛和夫一样，摆脱一己私欲，选择自己本来就该走的路。即使这条路布满荆棘，一时无法看清前景，也不要去做投机取巧的"聪明人"。任何付出和努力都是有价值的，会帮助我们缩小与成功之间的距离。

不断精进，才能避免被淘汰的命运

一个人最不该的就是对工作持有敷衍的态度。既然选择工作，就应该不断精进，无论是在思维上还是技能上，都应如此。

——稻盛和夫

一般来说，人们更倾向于维持现状而不愿改变。但稻盛和夫认为，科技在不断进步，客户和市场的需求也未停止过变化。一旦我们沉迷于过去，乃至困在过去走不出来，无论是个人还是企业，都不会有所发展，甚至连维持现状都很做到，等待我们的只有被淘汰的命运。

京瓷创办不久后，电子产业进入了蓬勃的发展期。随着晶体管技术的成熟，大规模集成电路又成了厂家追捧的对象。1969年，稻盛和夫在拜访客户时，接到了一个富有挑战的订单——为其生产多层IC封装。

虽然客户只给了三个月的时间研发这款全新的产品，但稻盛和夫对当时京瓷的技术信心十足，也希望通过挑战生产新的产品来提升京瓷的技术水平，便毫不犹豫地接下了订单。在进入产品试制阶段后，稻盛和夫突然发现，制造这款新产品的难度远超自己想象，一方面京瓷缺少相应的设备，另一方面技术也不够成熟，有些工序很难向前推进。更不幸的是，制造过程中频频出现问题，比如，两片陶瓷板在烧结时无法紧密贴合，且原本印刷好的电路出现不同程度的融化，通过陶瓷板上的孔洞通电接线也经常出现接触不良的情况，等等。

为了顺利研发出新产品，开发团队几乎不眠不休，不断调整参数进行实验，最终制造出一个合格的新产品。在整个制造过程中，为了克服不断暴露出来的问题，所有人每时每刻都在思考解决方案，并努力将问题逐一化解。正是这种不惧挑战、不断精进的态度，让京瓷的技术得以突飞猛进，始终立于行业前沿。

即使在实行多元化战略后，京瓷的进化也未曾停止。比如，研发出了利用打印机的印刷技术来提取血液中白细胞的新设备、能够促进海洋植物生长的全光谱照明灯、用以跟踪识别航空航天部件的微陶瓷超高频射频识别标签，等等。而在2022年，京瓷又研发出了硅基Micro LED，使智能手机显示屏主要零件的成本降低了一半。

稻盛和夫认为，经营者需要时刻保持一颗不断精进的心。如果无法保持这种开拓者精神，企业难以得到较大的发展，这与通用电气前任总裁杰克·韦尔奇（Jack Welch）持有的观点类似，后者认为企业只有在不断的变革中才能实现永续繁荣。

韦尔奇在接手通用电气后做的第一件事就是纠正企业内部的保守风气。在他到来之前，通用电气已经拥有百年的历史，随着企业的壮大，曾经勇于挑战新事物的进取精神已经消磨殆尽，整个企业都在抵触甚至恐惧改变。但韦尔奇对这种保守抱有很强烈的危机感，上任之后，他积极推动制度改革，重新为企业注入了活力。

无论是个人还是企业，只有不断地进行有挑战的活动，才能获得更长远的发展。 如果一味地墨守成规，维持现状，企业就会陷入形式主义的泥潭，逐渐走向衰落。而人也会随着外界环境的变化被越来越多的人超越，一步步失去原本的有利地位。

迎接挑战的意义，就是通过拔高目标使我们的能力得到一定的提升，专业技能、眼界、格局等都包括在内。想要坚持精进，并不是一件容易的事，每一次挑战都会让我们陷入困境。在这个过程中，我们不仅要有直面困难的勇气，还要有不辞辛劳的忍耐力，以及超越常人的努力。尽管为了自我提升而应对挑战固然比维持现状辛苦得多，可一旦坚持下去就会发现，我们不仅能够免于被时代淘汰，还会随着能力的提升获得更多的机会。

稻盛和夫认为想要做到这一点，拥有乐观的心态很重要。接连不断的挑战会让我们身心俱疲，打击我们的积极性，为了应对这种情况，我们一定要对自己抱有很大的信心，并对未来充满希望。当我们能够将自我提升当作习惯，就会感觉到被一股强大的力量推动着前进，不至于被历史的车轮所抛弃。

我们不要害怕失败，要鼓起勇气去尝试新的事物。世间的一切都在发展，我们也不能甘于落后。要不断提升自己的能力，使它成为我们未来的保障。

向前推进,哪怕只比昨天更进一厘米

在今天这一天中,最低限度是必须向前跨出一步,哪怕只是比昨天更进一厘米,也要向前推进。

——稻盛和夫

对大多数人来说,成长是一个相对漫长的过程,而有些人却可以在很短的时间里与其他人拉开差距,关键就在于他们能够以持续的进步形成积累。即使每天进步一点点,一年的成长也是巨大的。

人生的旅途中总会伴随着迷茫,越是兢兢业业、努力拼搏的人越容易感到迷茫。他们时常问自己:"这般努力究竟能为自己带来什么?""自己到底会不会成功?"这些问题短时间内根本找不到答案。

稻盛和夫呈现在人们面前更多的是他成功的一面——"日本经营四圣""两家世界500强企业的缔造者"等。殊不知,年轻时候的稻盛和夫同样陷入过迷茫。

一般来说,想要在这种情况下开解自己,就要将目光放得长远,将眼前的工作当成人生的一段经历,不要太计较得失。可稻盛和夫却反其道行之,紧盯眼下的工作,争取在每一天结束时都让自己有所收获，以此不断地成长。经过日复一日地努力，稻盛和夫的技术越来越纯熟，为后来研发出新型陶瓷材料打下了坚实的基础。

一些人之所以经常感到迷茫，关键就在于想得太多，看得太远。如果总是想着心中那个遥不可及的目标，时间久了，人难免会变得心浮气躁，看不上眼下的工作，认为自己不应该窝在这种小地方每天做些毫无意义的事，因此变得消极怠工。实际上，人生的每一分每一秒都是有价值的，我们要做的就是珍惜当下，利用好这些时间。成长的秘诀是积累，无论我们身处怎样的境地，保证自己每天都进步一点点，长期坚持下去，总有一天我们会发现，原来自己已经变得如此强大。

稻盛和夫认为，进步通常在不经意之间产生，我们若能够保证出色地完成每天的工作，并试图做出一点改良，找到提高效率的窍门，就会成就更加强大的自己。将进步作为每一天的目标，让每一天都有所收获。不管遇到怎样的困难，都全力以赴，锲而不舍，一天一天地坚持下去，我们就能踏入当初想都不敢想的境界。

希腊哲学家毕阿斯（Bias）说："世界上本没有失败者，当你选择从容地做一件事，并坚持下去，就一定会获得成功。"无论是初入职场的新人还是资深的老员工，只要能够坚持每天进步，就能积累更多的能力。长此以往，这些积攒的雄厚能力势必会为我们创造出不俗的业绩。量变终究会引发质变，我们的价值终有一天会被其他人看见。

不要幻想着有朝一日睡醒就能脱胎换骨，更不要等到机会来临再去行动。只有用心打磨自己的技术，丰富自己的经验，当机会到来时才能紧紧将它握在手中，不会让它溜走。每天进步一点点，听起来好像微不足道，没有做出自己期盼已久的成果，也没有足以让自己热血沸腾的声势。可细细想来，把每天进步的一点点串联在一起，就是在默默地创造一个奇迹。马拉松运动员往往会将整个大目标分解成若干个小目标，每完成一个小目标，离最终目标就会更进一步。

时间是公平的，不会给谁多余的时间，也不会因谁而停止流逝。每一分每一秒都会形成一个洞，我们不妨用每天一点点的进步来填满这些时间的洞。为此，稻盛和夫建议，要将每一天作为成长的单位，抖擞精神，日复一日，稳步提升。用这种踏实稳重的脚步，走出一条通往成功的道路。

对付困难最有效的方式就是不退缩

面对困难时,我也曾想到退缩,但我始终相信没有什么困难是解决不了的,只要坚持不懈,再大的困难也会被踩在脚下。事实证明,我的坚持是对的。

——稻盛和夫

稻盛和夫一生中遇到过无数困难,可他从未选择放弃。即使是那些在常人眼中根本无法克服的困难,他也凭借着自己的坚持和努力,将它们一一解决。

1966 年,京瓷在竞争中击败了德国陶瓷制造业的顶尖企业卢臣泰公司和德固赛公司,顺利拿到了美国 IBM 公司高达 1.5 亿日元的订单。对京瓷来说,这是一件值得自豪的事情,同时也是一次很大的挑战。IBM 公司对产品的要求极为严格,京瓷的初次尝试就以失败告终,这个结果使众人忧心忡忡,担心以当前京瓷的技术水平无法应付如此高质量要求的订单。

稻盛和夫却没有放弃的意思。他一边召集所有参与研发的员工,告诉他们要想尽一切办法来满足 IBM 公司的要求,一边购买了全新的自动压力机、电子炉等研发必需的设备,随后亲临一线，监督产品研发的每一道工序。几乎大半的京瓷员工参与了这次研发工作。但是结果仍不理想，员工们付出大量心血、投入大量资金才做出来的产品，却被 IBM 公司无情地退了回来，原因是质量不合格。

这对员工的打击很大，整个车间都弥漫着失落的气息，怨声四起。稻盛和夫并没有批评那些情绪低落的员工，而是鼓励他们说道："不是所有的工作都能顺利完成，遇到困难不要抱怨，也不要放弃，而是要努力寻找解决方法。IBM 公司选中京瓷就是认可我们的实力，我们不要辜负对方的期望。所以，我们要坚持下去，拿出自己热情去战胜眼前的困难。"

经过稻盛和夫的开导，员工们打起十二分的精神，再次投入到研究中，虽然可能会又一次出现失败的情况，但再也没有人选择退缩，每个人都在尽自己最大的努力坚持着。最终，京瓷交出了一份让 IBM 公司十分满意的答卷。

稻盛和夫说："一个人只要对成功怀有强烈的渴望，并通过坚持不懈的努力，就能达到成功的彼岸。"**对于成功而言，目标很重要，但坚持更加重要**。如前所述，工作有时候就像是爬山，我们想要登顶，必须一步一个脚印坚持向上攀爬。在这个过程中，我们会遇到很多突发情况，比如，身体疲惫不堪，前路被河流截断。如果我们选择放弃，就再也见不到高处的风景，只有坚持下去，才有到达山顶的可能。

在困难面前主动选择放弃的人，大多数是习惯失败的人。他们一遭遇失败就不愿再次尝试。实际上，他们的失败只是暂时的，如果总结经验，再次尝试，也并非没有成功的可能。坚持不懈，不放弃任何机会才是最正确的选择。

在自然界中，无论是植物还是动物，不管在多么恶劣的环境下，它们都在为了生存而咬牙坚持。稻盛和夫分享过一部关于沙漠植物繁殖的纪录片。某个地区的沙漠每年只降一两次雨，沙漠中所有的植物都在等待着这一场雨。雨水会让沙土维持一段时间的湿润，也就在这个阶段，所有植物迅速生长，开花结果，留下自己的种子。而这些种子会在炎热、干燥的沙漠中坚持至少一年时间，等待着不知何时才能到来的降雨。直到降雨来临，它们也如同之前的植物一样，快速成熟，留下种子。

我们也应该如此，不能被困难轻易打倒，要懂得通过自己的坚持、努力以及一次次失败的积累获得足以解决困难的能力和资源，把握住一切机会。不要想着拖延，时间本身并不能帮助我们解决困难，只有真正去尝试并付诸行动，调整自己的思考方向和解决路径，才能有效解决那些让人感到棘手的问题。反之，如果我们总是不愿意行动，寄希望于其他人帮助我们渡过难关，那以后等待我们的将是更大的危机。

此外，**坚持的意义并不仅限于突破自我、达成目标，它还能给予我们更多的自信和勇气。**当我们通过坚持成功化解了困难，意味着我们最初的选择和决定是正确的。这在无形中会给我们带来很大的鼓励，从而增强我们的惯性力量。当我们再次陷入困境时，就会习惯性地竭尽全力去攻克难关，坚持到底。因此，在面对困难时，我们一定要付出足够多的耐心和努力，才能不断拉近自己与成功的距离，证明自己能够做到那些看似不可能做成的事情。

每个人在自己的人生旅途中，一定会遇到各种各样的困难。只要我们保持坚持不懈的心，不断接受困难发起的挑战，就一定能创造出奇迹，让我们从深渊登上顶峰。

直面自身缺点,并努力去弥补它

> 如果你真的做不到一件事,就不要假装能做到。只有承认自己做不到,才知道自己应该怎么开始。
>
> ——稻盛和夫

一个人有缺点和不足并不可怕,可怕的是不敢或羞于承认这些缺点和不足,又因无法坚持改正而选择半途而废,讳疾忌医又明知故犯。稻盛和夫认为,**对于自身的缺点,需要正视的勇气,更要有纠正的行动。**

1955年,稻盛和夫大学毕业参加工作。由于来自偏僻的鹿儿岛,从来没有在大城市生活的经历,他说话总是带着浓重的地方口音。稻盛和夫害怕别人因乡音而嘲笑自己,因此在工作时非常不愿意接听业务电话。人生经历的差距,让他总是感觉自己处处比不上别人。

后来,稻盛和夫意识到自己不能沉浸在臆想带来的挫败感中,更不能被这种低人一等的自我感觉支配。他觉得自己应该坦然承认自己的缺点,并努力克服它。于是,稻盛和夫开始不断警示自己,自己就是一个毫无名气的大学毕业生,在社会上什么也不懂,必须从最基本的东西学起,付出不亚于任何人的努力，否则就无法取得成功。而且，一个人的弱点不会因为掩饰而消失，刻意地回避没有任何意义，不如撤下心防接受它，反而会让自己轻松一点。这种态度上的转变，就是一个人进步和走向成功的起点。

在京都工作的经历对稻盛和夫产生了很大的启发，让他开始正视自己的缺点。也就是从这时开始，稻盛和夫不断地提醒自己，自身还存在哪些缺点。

稻盛和夫认为一个人的能力总会存在一些局限性，或者说缺乏某种适应性。如果无法正视这些局限性，很容易浪费自己的努力。比如，让歌手去短跑，让马拉松运动员去格斗，即使他们付出再多的努力，也很难赢过那些专业的对手。如果一个人在做事时将精力放在自己的长处上，往往会事半功倍，反之，如果总想着挑战自己的弱项，结果大概率是事倍功半。

人们常说："人贵有自知之明。"这句话是在提醒我们，要认清自己的短处，量力而行。稻盛和夫认为，在认清短处的同时，也要明白自己的优势所在。一个人的长处宛如太阳一般，当太阳升起时，耀眼的光芒会让人们无法看清天空中的星星。当一个人充分发挥自己的优势并取得一定的成绩后，他的缺点就像星星一样，瑕不掩瑜。

因此，在面对自身缺点时，我们需要做到两点。第一点是要正视自己的缺点，用行动去改变它。正视的意义在于消除盲目性。既然我们做不到某件事，就不要一味地逼着自己去做，不要妄想通过把这件事做成功，来证明自己不存在这个缺点。认清自己很重要，如果正视是前提，那么行动就是内核。我们不仅要有承认的勇气，也要有改正的勇气，并将改正作为自己的一个全新的起点。

1979年，日本遭遇了其他国家的经济制裁，市场波动很大。稻盛和夫在公司内部讲话中提到了一个关键性的问题：如果那些先进的国家不再向我们提供技术，那我们该何去何从？当时，日本的大多数企业都享受着从外国引进的先进技术，从未有人察觉到这种环境下的危险。稻盛和夫的发言给了很多人当头一棒。随后，稻盛和夫发表的《赌在技术开发上》一文中的惊人言论，成功为人们指引了方向。正是靠着这种直面自身缺点的态度，稻盛和夫才能率领团队抢占科技制高点，避开外界因素的制约。

第二点是扬长避短。稻盛和夫认为做事情不能盲目，有些事情做不到就是做不到，一味"死磕"也得不到好的结果，反而会浪费自己的精力。美国作家马克·吐温（Mark Twain）在小有名气之后，毅然决定投身商场，一次是投资了打印机，另一次是开办出版公司。他对经商一窍不通，却对自己有着盲目的自信，导致他的两次创业亏损了几十万美元。随后他不得不回归文学创作和演讲，多年之后才偿还了所有债务。

正如稻盛和夫所说，面对缺点，我们首先要做的就是承认它，而不是极力掩饰，更不要让自己始终纠结于缺点带来的挫败感中。我们只有认清努力的方向，懂得扬长避短，并且尽力弥补自己的缺点，才能让自己变得更加强大，并真正地迈向成功。

提高参与意识,点燃团队斗志

当每个人都能通过参与企业经营实现自我价值,全体员工齐心协力朝着同一个目标持续努力时,团队的目标就能顺利达成。

——稻盛和夫

京瓷刚刚成立时,稻盛和夫经常鼓励员工努力奋斗,在工作之余,稻盛和夫内心突然泛起一阵不安。他担心员工会误以为自己一味鼓励他们拼命工作的主要目的,是让更多人见识到他自己的技术,即便以后公司取得了不俗的成绩,名利双收的也不过是稻盛和夫一人而已。为了避免这种情况发生,他决定让京瓷的 28 名员工共同参与到企业经营中,让他们意识到企业的成功与他们的努力分不开。

稻盛和夫认为,团队的工作模式有两种:上令下行式和参与式。所谓上令下行,即上司负责给出指令,员工按照指令行事。该模式极易助长企业内的官僚作风。由于命令的存在,大多数员工都不敢擅自越权,或者给出自己的意见,这就导致员工时常会进入一种机械式的工作状态——既不主动思考,也不主动发现问题。这是很多企业内部经常会出现的情况。

产品存在的很多潜在性的问题,和这种上令下行式的工作模式脱不开关系。稻盛和夫曾分享过一个经历:他在网上购买了一些瓜子,这袋瓜子给他留下的最深印象就是,它的包装既不容易拆开,也不容易封存。稻盛和夫认为出现这种问题的主要原因是,产品的设计人员和基层工人只是在单纯地按照指令做事,根本没有考虑过包装的拆封问题。相对的,那些使用起来很方便的产品是员工用心做出来的,而不是单纯地为了完成任务而做的。

与上令下行式的工作模式不同,参与式的工作模式让员工能够像经营者一样去审视自己的工作。当发现问题时,员工能够积极与上司沟通,上司也会十分重视这些意见。稻盛和夫表示,如果一个经营者经常对员工说"我一个人的力量是有限的,我希望你们也能给予我一些意见"之类的话,就能在赢得员工信任的同时,大大激发他们的主观能动性,帮助他们建立对企业发展的责任感和使命感。

日本哲学家中村天风说:"人生在世,要懂得时时驱动自身的意识去思考事物,而不能只是无意识地虚度光阴。"稻盛和夫认为这种主动思考就是参与式执行的切入点。**如果每一名员工能够主动用心地关注工作中的每一个细节,那最后的结果就会很出色。**毕竟一个人的精力是有限的,只有企业中所有人都为产品殚精竭虑时,最终生产出来的才会是一件完美的产品。

稻盛和夫在演讲中提到过"言灵语魂"一词。他对这个词的解释是,说话人的"心"和"魂"会在语言中流露出来,尤其是企业经营者对员工说的话,能够对他们产生很大的影响。比如,"我没什么经验,希望大家能够帮助我",就很容易让员工产生共鸣,引起他们心态上的变化。当经营者表明了自己的态度,员工的责任心就会被激发出来,变得愿意为企业经营出谋划策。

海尔集团也曾根据"阿米巴经营"建立了一个相关的经营体系,将每一个员工都视为一个单独的战略业务单位。员工每人都有一个记录表,记录着自己所占用的企业资源以及利用这些资源创造出的价值,每个月都会进行核算。这种参与式经营将一个整体恰到好处地分为多个个体,将员工从阶层制的思维中解放出来,激发他们主动去发掘市场需求,拟定发展目标,对产品进行不断地迭代升级。同时,企业要求每个员工都能像CEO一样进行创造经营和自我管理,使个人工作效率得以最大化。

如果做不到这一点,积极培养员工的参与意识也是可行的。京瓷在这方面能够为我们提供一些经验,比如,搞一些能够达到沟通情感效果的娱乐性活动。稻盛和夫表示,参与意识需要保证维持全体员工齐心协力的状态。一些企业每年都会举办联欢会、运动会，目的就是加强全体员工之间的交流和团结。这些活动需要遵从沟通、情感、参与、趣味四项原则。即使在京瓷最困难的时期，稻盛和夫也没有放弃组织这样的活动，当时，稻盛和夫特意购买了一些棒球设备，邀请全体员工一起打棒球。

如果在一个团队中，每一个人都可以发表自己的意见，为企业经营出谋划策，积极参与制订工作计划，那么这个企业一定能取得很好的成绩。

有空去烦恼，不如去干活儿

不够努力的原因在于不够专注，总是在闲暇时间里胡思乱想。当努力的情绪被其他活跃的情绪所掩盖，人的大脑就会进入天马行空的状态，努力也就无从谈起。

——稻盛和夫

古语云："小人闲居为不善。"意思是一些品德低下的人，偶有闲暇就会忍不住做坏事。闲暇给予了人们内心欲望滋长的空间，烦恼亦是如此。**如果我们能够忙碌起来，就没有多余的空闲去想其他的事情，烦恼自然而然就会消退。**

稻盛和夫表示，人生难免遇到打击，而有些打击并不是说放下就能放下的，这也是人们烦恼的源头。但是，无论遭遇什么样的打击，我们都要明白一点，已经发生的事实无法挽回，我们所能做的就是尽力弥补，为了一个错误而不断折磨自己是没有任何意义的。

在京瓷的发展中，曾出现过一次重大危机。科研人员发现，人的细胞对金属会产生排斥反应，但是可以在陶瓷表面上顺利繁殖。在洞悉陶瓷与人体组织细胞具有很高的亲和性后，稻盛和夫开始研发足以替代人骨的陶瓷骨骼，希望帮助那些因骨骼原因失去行动能力的患者。结果，股关节的应用效果得到医学界的高度认可，于是，一些专家希望京瓷能够进一步研制膝关节的陶瓷骨骼。问题在于，人工关节的研制和投放需要经过官方审批，通过临床试验后才能向社会推广。当时很多人见识了股关节的成功，认为膝关节同样没有问题，期望京瓷能够下定决心，尽快帮助到那些深受疾病折磨的患者。在道德和良心的影响下，稻盛和夫认为京瓷对此事责无旁贷。

与所有人预料的一样，膝关节的使用效果同样可观，但问题也随之出现。由于京瓷并未经过审批，就私自将膝关节投放市场，虽然稻盛和夫的本意是好的，可还是被一些人解读为不负责任，昧着良心赚黑钱。稻盛和夫意识到问题的严重性，一连数日辗转各地公开道歉。那段时间，稻盛和夫几乎无心工作，烦恼不断，后经西片法师解惑，他意识到烦恼的根源是他自己没有放过自己。于是，他调整了心态，果断采取"尽人事，听天命"的态度，全身心投入到工作当中，一段时间后，这种自我折磨果然消失不见了。

工作中的烦恼也是如此，我们的烦恼往往出现在下定决心之后到结果出来之前这段时间，我们总是忍不住为进度、结果而担忧。实际上，任何事情都不会因为我们为之烦恼而变得顺利，既然我们所能做的只有等待，那么不如放过自己，不必为一些未知的结果而烦恼。

与其一味烦恼下去，不如着眼于后续的工作。这也是摆脱烦恼的最佳方式。当我们感到烦恼时，一定是停止了手上的工作，如果一心扑在工作上，我们也就没有时间去烦恼了。

人们常说："一心不可二用。"当大脑处于放空的状态，没有被任何关于思考的行为填满，我们就会下意识想起那些让自己感到不开心的事情。如果我们利用工作将大脑强行填满，就没有余力去察觉烦恼。因此，任何人都不可能一边踌躇满志，激情地工作，一边满腹忧愁，茶饭不思。在同一个时间，两种不同的情绪、思想、感受是无法共存的。

当一个人忙起来的时候，就无暇顾及那些所谓的烦心事。因此，当我们被情绪所干扰的时候，不必去感受欲望带给自己内心的波动。让自己忙起来，我们就能成功置身于内心欲望之外。

这其实在本质上属于分散注意力的一种做法。工作之所以能作为首选，优势在于目标性、条理性以及反馈性。当一个人在工作时，他会紧盯着自己的目标，按照既定的规则或经验持续向前推进。在目标达成后，工作会给予他成就感，而其他用以分散注意力的方式都无法同时满足这三个条件。

因此，在感到烦恼的时候不妨沉下心来去工作。工作不仅可以有效消解烦恼，还能够磨砺人格。当我们利用工作来控制情绪时，不仅会降低情绪对自己的影响，锻炼对情绪的控制力，还能促使自身的心志变得成熟。

07

出色的工作产生于完美主义

不少人都抱着差不多的心态做事，认为犯一点错没什么大不了。事实上，哪怕一个小差错、一点小粗心，都可能造成致命的失败。稻盛和夫说："错了改好就行的想法是绝对不允许的，必须在工作的每个步骤都奉行'完美主义'。"

"做完"和"做好"的区别，就是不同人生的差别

在工作中，"做完"和"做好"有本质的区别，前者只是顺利完成了某项工作，而后者是在完成工作的基础获得了一个比较好的结果。

——稻盛和夫

当一个人总是以一种"差不多"的心态审视工作时，就会游离在职场底层，永远得不到晋升的机会。

曾经有人向稻盛和夫请教过这样一个问题：上司总是让他做一些重复性的工作，枯燥又乏味，他想摆脱这种情况，希望稻盛和夫提供一些建议。对此，稻盛和夫反问他："你有没有在工作之余想过一个问题，为什么上司会让你反复做同一件事？是不是你在第一次时没有做好，结果令上司不满意，才要求你再做一遍？"听完稻盛和夫的话，对方默不作声。稻盛和夫认为，他之所以沉默，是因为他从来就没有考虑过这个问题，在以往的视角中，他只知道自己已经完成了任务，对于结果从来没有提起过重视。

这也是大多数职场人的通病，很多人每天忙忙碌碌，却

只满足了"做",而完全忽略最终的结果。"做完"和"做好"看似一样,效果却天差地别。前者代表执行了上司的命令,完成了交代的任务,一般情况下是敷衍了事,不会用心去做;而后者代表的是不但完成了任务,而且做到了尽善尽美,体现了员工对工作负责、对上司负责、对企业负责的态度。

判断一名员工的执行力是不是很强,关键就在于面对工作任务时,他是选择"做完",还是"做好"。稻盛和夫认为,一个人想要提升自己的执行力,切勿习惯性自我满足,更不能将由于自己敷衍的态度导致的不好结果归咎于别人。既然执行不可避免,就不妨全心全意地付出,将事情一步做到位,让所有人都满意。一旦心怀不满,敷衍了事,就很难达到别人的预期,甚至有可能返工,这在无形中就造成了资源的浪费。

稻盛和夫曾经受邀参加一家企业的年终表彰大会,值此机会敲定对员工培训的课题。这场表彰大会给稻盛和夫留下最深的印象就是,上台领奖的员工全部都是出色完成工作任务的人,而台下鼓掌的大多是仅仅完成任务的人。当稻盛和夫将自己的判断分享给身边的同事后,对方却表示不理解,他认为99%和100%的工作态度没有本质区别,那些微小的差距根本就不值得计算。

稻盛和夫当即纠正了他的观点,台下的人之所以没有机会领奖，就是和他的观念相同，认为99%和100%的工作态度没有区别，甚至觉得自己只要再努力一点就能超过对方。可事实上，这种比较和比赛无异，只要打算分出胜负，1%就是优势，两个99%的人谁能将这最后的1%最好，谁就会取得最后的胜利。这也是为什么在比赛中很少出现平局的情况，纵使双方成绩非常接近，只要存在差距就能分出胜负。

将这种情况代入到工作中，只要没有达到100%，0和99%才没有区别。当一件事没有结果时，即使你付出了很多心血，那也等同于没做。比如，一名业务员给客户打电话，接连打了几个电话，对方都没有接，于是，他就不再去理会这名客户。在这种情况下，业务员的这几通电话就等于没打。

在职场中，很多人都有这般想法，他们自认为只是一名员工，和企业仅仅是雇佣关系，只要自己上一天班就能获得一天的薪水，至于事情做得怎么样，能不能为企业创造效益就不关自己的事了。这类人哪怕付出了一些心血，将一件事做到99%，也不能获得最好的结果，自然得不到上司的赏识和企业的奖励。

因此，稻盛和夫提醒人们在竞争激烈的环境下，想要获得认可和欢迎，就一定要做到出色，以最高的标准要求自己，千万不能放任"差不多"的心态滋生，否则我们将永远停留在"做完"的那一步。

在工作中，每一次高效的执行不仅能带给我们圆满的结果，还能增强我们的自信心，激发我们的工作动力。只要坚持把任何事都做到尽善尽美，我们的工作就会进入一种良性状态，我们在迎接每一次的任务时，都能保持做到一步到位，让对方满意。

出色的工作产生于完美主义

哪怕99%都很顺利,只要最后的1%疏忽了,出了问题,前面所有的努力都将白费。

——稻盛和夫

在工作中,对任何事都要追求完美,这种自我要求虽然显得过于苛刻,可如果想要将工作做得出色,除了竭尽全力做到完美之外,没有其他办法。

一位退伍的军官向稻盛和夫分享了自己在部队中的趣事:军官是一名飞机维修员,负责轰炸机的维修保养,每次飞机执行任务时,维修员也要跟随。但在部队里,所有的维修员在出发时都不愿意乘坐自己维修的飞机,反而会选择其他飞机。因为,他们的内心从不认为自己做到了完美,正是这种缺乏自信的心态让他们倾向于相信别人。

生活中也有这样的例子,很多医生都不愿给自己的亲人手术,会委托其他值得信赖的医生,理由是"骨肉至亲,亲自开刀会变得紧张。"但稻盛和夫认为这是缺乏自信的借口,并表示如果自己是一名外科医生,一定会亲手执刀。因为,他习惯于将每一项工作都做到极致,经年累月之下,他对自己的经验和技术拥有绝对的自信。

完美主义的形成除了先天的性格因素，还有后天观念的影响。稻盛和夫在年轻的时候就将完美主义作为自己人生的信条。由于从事制造业，他见过很多因一些细小的疏忽导致前功尽弃的案例。京瓷的新型陶瓷在制作时，需要按照标准的比例将氧化铝、氧化硅、氧化铁等金属氧化物粉末混合，放入模具中进行塑型，随后在高温炉中煅烧，出炉后还需要对半成品进行研磨和金属加工处理。整个过程由无数道的工序组成，每一道工序的处理都要求十分精细，需要操作员全神贯注。一旦某个细节出现了问题，这个产品就会成为残次品。

因此，稻盛和夫认为一件产品，即使无限趋近100%，都是不合格的。任何疏漏都不能被原谅，只有做到100%，才能被称为"完美"。

高要求意味着高损耗，如果在制造产品时出现了哪怕1%的误差，产品被判定为不合格，与之相关的材料、加工等产生的费用，以及员工花费的时间、精力等，都会在顷刻间化为乌有。即便只是一处微不足道的缺陷，也会导致前期的心血付之东流。同时，这也会降低企业在客户心中的信誉度，这些内容无法被量化，也更不容易去修补。

京瓷的生产计划通常都依照客户订单进行，客户会在订单中指定产品具体的规格以及交付日期。由于客户的生产计划与京瓷的交货期是息息相关的，京瓷必须在规定的时间内拿出合格的产品。如果生产过程中出现意外导致无法按期交付，就会对企业的信誉造成损害。

稻盛和夫表示京瓷曾经发生过这样的情况。临近交货期，员工因工作疏忽导致产品中出现了残次品，必须重新制造。业务员当即联系客户表达企业的歉意，请求对方再给自己一点时间。可对方根本就不会接受这种道歉，大声斥责京瓷的效率低，并表示再也不会和京瓷合作。类似这样的经历也是导致稻盛和夫在工作中贯彻"完美主义"的重要原因。

因此，稻盛和夫在危机意识的影响下要求每一位员工在工作中必须高度集中注意力，时刻注意工作的每一个细节。在工作中做到有意识的高度集中是十分困难的，需要员工在日常生活中不断地练习，将它化为习惯，才能最终做到。此外，大多数人即使在精神集中的情况下，也会很容易被外界分散掉注意力，这是与生俱来的反应。当一个人可以做到有意识地高度集中注意力时，就会减少工作中的失误和疏忽，出现问题时也能立即发现问题的本质，从而快速解决问题。

在工作中想要事事都做到完美，是一件极为困难的事。但我们也不能因此放弃对完美的追求，更不能让困难成为我们逃避工作的借口。出色的工作源于对完美主义的追求，当我们能够发自肺腑地讨厌工作中的缺陷，就能时时警惕每一个细节，避免出现疏忽，做到完美。正如惠普创始人之一的戴维·帕卡德（David Packard）所说："细节成就完美。"

工作中的完美主义，于外人展现的是我们的工作态度，于自己体现的是我们的严格要求。敢于追求完美，才有机会真正做到完美。

工作中追求的不是"最佳",而是"完美"

我眼中的完美主义不是更好,而是至高无上。

——稻盛和夫

判断一个事物的优劣,大多数人会寻找一个参照物,认为当该事物超越所有参照物时,它就达到了同类事物的顶点,却不知道它未必达到了自己的极限,后来者依然有超越它的机会。因此,稻盛和夫主张凡事不能总想着做到"最佳",而是要做到"完美"。

京瓷在20周年的时候,稻盛和夫接待了一位重要人物——来自法国的时任休兰伯尔公司董事长詹恩·里夫(Jann Rieve)。休兰伯尔公司在石油开采领域可谓首屈一指,里夫更是出身名门。由于双方涉足的行业天差地别,稻盛和夫一开始并不知道对方为什么要见自己。一番交谈下来,稻盛和夫才明白,对方是来和自己探讨经营哲学的。

里夫能够将休兰伯尔公司做成世界知名的企业,必定在经营哲学方面有很深的造诣。关于经营问题,里夫表示,休兰伯尔公司一直将"尽力把工作做到最佳"为信条,稻盛和夫深以为然,随后也给出了自己的看法。

稻盛和夫认为,"最佳"是一种相对的价值观,建立在与其他人比较的基础上,属于在某一个群体中达到行业佼佼者地位的状态。可问题在于"最佳"会受限于群体,当群体整体的水平较低时,"最佳"者也不过是比这些人强一点。京瓷的目标从来就不是"最佳",而是"完美"。完美具有绝对性,它不需要与别人比较,本身就具备一定的价值,不管其他人如何努力,没有东西可以超越"完美"。

后来,两人就"最佳"和"完美"的话题探讨至深夜,里夫最终还是认可了稻盛和夫的观点,并将休兰伯尔公司的信条更改为"完美"。

很多人经常将"最佳"和"完美"混淆,当他们遇到困难的时候,往往会以"这已经是我最完美的状态"来宽慰自己,给自己一个妥协放弃的理由。可事实上,他们口中的"完美"不过是"最佳"而已。所谓"最佳",在定义上属于一个阶段性的理想状态,即自认为完美的状态,我们通常会给这个状态设下限制,暗示自己"我就这么大能耐"。而"完美"则是一个无懈可击的极致状态,它是没有上限的,这也是稻盛和夫推崇"完美"的原因。

历史已经证明了"最佳"的状态终究做不到屹立不倒。柯达品牌当初在相机领域占据了霸主地位,它将胶片相机的每一个细节,每一个功能都做到了最佳,可数码相机带来的行业冲击是不讲道理的，直接撕碎了由"最佳"建立的企业壁垒。深究之下，柯达的衰落就是由于忽略了技术的指数级增长趋势，导致它在数码产品面前毫无还手之力，这就是以"最佳"为目标的弊端。无论柯达再怎么发展胶片相机，也无法止住颓势，因为双方根本就不是同业竞争，而是在新旧产品模式上的博弈。短信和微信、智能手机和传统手机也是这个道理。

完美是从事物本身的价值出发，要求人们不断超越自我，具有一定的远见，完美带给人们的结果往往是具有颠覆性的。 当一款产品放弃了行业内的比较，只专注于自身，就能看见更多的可能。因为世界上根本就没有完美的事物，这意味着要将一件事做到完美，总会有改进的空间，频繁的自我反省会让我们越来越趋近"完美"这个目标。

日本"寿司之神"小野二郎一辈子都在追求极限的道路上。从做寿司开始，他几十年如一日地要求自己，从未停下追求完美的脚步。即使九十岁高龄也坚持亲自挑选食材，以保证食材的品质和新鲜程度。在制作过程中，他对自己的要求极为苛刻，鲔鱼口感太肥、墨鱼片切得太厚、鱼肉可能腌渍太久，等等，任何能够影响口感的问题都不放过。甚至客人的习惯、店内的摆设等，也在他的考虑范围内。他在做寿司的方方面面都做到了严谨对待。对此，小野二郎说："虽然我一直在重复简单的事情,但我一直渴望进步,努力达到顶峰,即使没有人知道到顶峰在哪里。我从来不认为自己已经达到了完美。"

"最佳"带来的是目标,而"完美"带来的是反思,帮助我们在不断追求极限的道路上变得越来越好。正如微软创始人比尔·盖茨(Bill Gates)所说:"聪明的人能把事情做好,精明的人能把事情做得最好,高明的人能把事情做到更好。"

"错了改改就行"的想法绝对不能出现

能成就一番事业的人,都是将完美主义贯彻始终的人。

——稻盛和夫

稻盛和夫眼中的完美主义是目标,也是态度,尤其是在纠错的问题上,漫不经心是绝对不允许的。

在京瓷曾发生过这样一件事。当时,稻盛和夫对于财务几乎一窍不通,经常向京瓷的财务部长请教一些过于简单的问题,每次都惹得对方甚为不悦,但碍于稻盛和夫是自己的上司,对方并不敢随意敷衍了事,可也并没有将他放在心上。

有一次,财务部长向稻盛和夫汇报一组数据,稻盛和夫感觉数据存在问题,便展开了接连追问。起初,对方认为他很业余,不断搪塞,直到稻盛和夫证明了数据有误,对方才意识到自己的工作出现了失误,当即道歉,并赶紧用橡皮擦去了错误的数字。可是这种在错误出现后用橡皮改正的行为让稻盛和夫大发雷霆,他狠狠批评了财务部长。

一个微小的疏忽就可能造成工作上致命的后果,而这一点对方却毫无意识。京瓷以严谨立身,一旦这种情况发生在新型陶瓷的制造中，肯定会造成无法挽回的严重损失。实际上，这只是稻盛和夫生气的原因之一，让他更不满的是对方对于错误的那种漫不经心的态度。在稻盛和夫看来，无论做什么事，"错了改改就行"的观念是导致失误频发的根本原因，在这种观念中隐藏着无法挽回的重大错误的危险性。

《左传·宣公二年》中说："过而改之，善莫大焉。"人们认为知错就改是一种好品质，这一观点本身是正确的，但一些人在领会的过程中曲解了它的本义，将重心侧重于"改"。改错固然重要，可它毕竟只是一个挽救损失的行为，并不能阻止错误的发生。同样，它也不能成为让犯错者心安理得的理由。稻盛和夫认为，这名财务部长喜欢用铅笔写字，当发觉数据出错了，就用橡皮擦掉重写，这种举动会让他产生犯错并不是什么大不了的事的感觉。正是这种心态，让他连一些简单的错误都找不出来，而且有很大概率会一犯再犯。

知错就改，重点在于"知"。在犯错之后，我们首先要做的就是反省为什么会犯下这样的错误，以及这个错误可能造成的损失。当我们意识到问题的严重性时，就会对这个错误印象深刻，从而在后续的工作中规避此类错误。

疏忽会使一项本该完美无缺的工作变得充满瑕疵，而对于自身错误的冷漠会大大提高产生疏忽的概率。真正能够将工作做到极致的人，往往会格外在意自己曾经犯过的错误，并以此时刻警示自己。

"股神"沃伦·巴菲特曾不止一次公开表示自己人生犯下的最大错误就是收购了伯克希尔·哈撒韦公司。这家公司如今已经是享誉全球的成功企业，可在1962年之前，它只是一家前途暗淡的纺织公司。年轻的巴菲特热衷于"捡烟蒂"投资法，虽然当时的伯克希尔濒临倒闭，但巴菲特认为这家公司的有形资产价值被市场低估了，毅然决然地收购了这家公司。

多年之后，巴菲特意识到自己的这一行为真的很愚蠢。因此，彼时看起来价格十分便宜收购有利可图，可到最后可能会得不偿失。由于已经陷入困境的公司问题一个接一个，最初的低价优势很快就被公司低迷的经营状况抵消，他不得不花费更多的时间来改善其经营状况。后来，巴菲特再也没有触碰过这种站在悬崖边上的公司，反而坚持投资一些一流的公司，并要求这些公司要具备一流的管理层从而维持其良好的经营状态。

大多数人都没有反省和反思的习惯，这意味着他们很难发现自己的错误和不足。如果他们还保持着"错了改改就行"的观念，就会对小错误不重视，终究导致大问题的出现。如果我们能对每一次犯错都格外重视，经常进行自我反思，让自己时刻处于警觉的状态，一些错误的念头和行为一经发现就会被扼杀在摇篮中，这也为达到完美的目标提供了助力。

完美即是锱铢必较，对任何细微的东西都不能放过，只有这样，我们才能真正在工作中贯彻完美主义。

要想做到"完美无缺",就必须格外注重细节

想在工作中做到"完美无缺",就必须注重细节。

——稻盛和夫

所谓细节,就是一些工作中因主观上的"不重要"而忽视的问题,它很容易让人感到烦琐,但又往往是工作成败的关键。

稻盛和夫一开始并不在意工作中的细节,新型陶瓷在研究过程中,需要使用一种罐磨机。原材料在罐磨机中进行混合,随着罐磨机的转动,机器内的石块会将原材料碾压得更加充分。有一天,稻盛和夫看见自己的一位前辈正在清洗罐磨机中的残留物,每一个动作都格外认真,保证石块上不会附着实验的残留。稻盛和夫对他的认真不以为然,认为没有必要将时间浪费在这种小事上,随便洗一洗就可以了。

就在稻盛和夫准备离开的时候,他发现前辈居然还在清洗残留物。只见前辈先用小刮刀剔除石块上的残留物,再用刷子进行清洗,最后用干毛巾将每一个石块擦拭得十分干净。原来罐磨机中的石块在工作中经常碰撞石壁,很容易导

致石壁出现凹陷，原材料粉末就会紧紧贴附在石块上，简单的清理根本无法将凹陷处的残留清洗干净。如果清洗不彻底，等罐磨机再次使用时，这些残留粉末就会变成新实验的杂质，使原本按照标准比例混合的材料分量出现偏差。因此，实验要求上才会标注，在实验结束后要清理所有用过的器具。

稻盛和夫恍然大悟，之前他只是将这个任务看作杂活，认为其与研究一点关系没有，每次他负责这项工作往往会草草了事，这也是他的研究总是达不到预期效果的原因。为此，他对自己的所做所想感到羞愧，并进行了深刻的反省。

在旁人看来，清洗实验用具就是一件不需要付出太多精力的工作，可正因为简单就更需要用心，正如德国的格言："神总是寄宿在细节处。"**决定一件事情好坏的往往在于是否重视细节，越美好的事物就越需要注重细节。**从这一刻开始，细节就成了稻盛和夫最为关注的事情。

经过这次事件，稻盛和夫改变了自己的看法，认为单纯遵循标准远远不够，还必须在动手实践的过程中注重细节。相关工艺资料记载，新型陶瓷的烧制是将按照标准比例混合的原材料进行塑型后，再进行高温烧制。但书面的描述不过是提供了烧制的具体步骤，实际上这项工作并没有这么简单。如果不能亲自动手，反复推敲，就很难找到导致失败的症结。也只有亲身经历过，才会发现那些被自己忽视的细节。

在工作中事事力求完美的人，会格外在意自己的一举一动，不允许出现任何疏漏。一名雕塑师想要雕刻出一件完美的作品，必须重视自己的一刀一挫，在下刀之前往往会考虑很多事情，比如下刀的位置、力度、方向等，因为任何偏差都有可能导致作品不够完美。即使顺利完成了雕刻，也会不懈寻找作品中能够更进一步的地方进行修改，从而让它真正变得完美无缺。工作亦是如此，没有简单复杂之分，都是"精细活"。一项工作的成败往往取决于能否保证所有的细节不出问题，尤其是那些细微到无法引人注视的部分，才是关键所在。

只有从细节上追求完美才能将一件工作做到极致。希尔顿饭店的创始人康拉德·希尔顿（Conrad Hilton）就是这样一个"细节狂魔"，他在给员工开会时，经常强调："所有人千万不能将自己的忧愁摆在脸上。无论酒店有什么问题，自己有什么问题，都要注重工作中的小事，让自己时刻保持微笑，只有这样才能获得更多客户的青睐。"此外，希尔顿要求每一位员工都必须记住自己负责工作范围内所有客人的名字，以便给予对方更细致周到的服务。如果客人在进店后，能够被所有提供服务的服务员喊出名字，那么他们一定会认为自己备受关注，从而收获极致的尊重感。正是这种对细节的把控，让希尔顿饭店的声誉越来越高。

因此，稻盛和夫建议对任何工作都要从细节入手。无微不至的思考是关注细节的第一步。当所有人都在做同一件事时，获得结果的好坏就在于我们有没有注意工作中可能出现的每一个细节。当我们足够细致时，就会比其他人发现更多的问题，而这些多出来的问题，恰恰就是左右我们工作成败的关键。

制作"会划破手"的产品，美观悦目，无可挑剔

> 即使质量过剩，也要不惜一切努力，做出"会划破手"的产品。这一点对开发人员来说很重要。
>
> ——稻盛和夫

"会划破手"是稻盛和夫对产品价值的一种描述，寓意每一款新产品都应该像刚发行的崭新纸币一般，手感、质感都是极好的。从任何角度来看，它都应该是完美无瑕的。

稻盛和夫关于"会划破手"的比喻源于他的父母，当一件物品过于精致时，他们往往会生出敬畏的念头，不敢轻易去触碰，担心自己的手会玷污它。该物品所呈现的状态，就被他们形容为"会划破手"。

京瓷公司研发半导体封装时，由一位工程师全权负责这一项目的推进。用陶瓷来制作半导体封装对技术和作业工序的要求极高，这也是京瓷接受的众多挑战之一。在推进的过程中，仅样品的制作就付出了人们难以想象的时间和心血。当工程师满心欢喜地将样品交给稻盛和夫时，稻盛和夫很理解此时对方的心情，毕竟这个样品承载着他们很长时间的心

血，可这并不是他理想中的产品。

工程师带来的样品让稻盛和夫有一种"不纯净"的感觉，问题出现在产品的颜色上。半导体封装使用的是新型陶瓷原料，辅以氮、氢混合气体煅烧，最终出炉成品。如果陶坯在煅烧之前不小心沾上了一点脂肪，成品的颜色会呈现出浅灰色，而不是纯白色。虽然这种严苛的要求对工程师来讲过于冷酷无情，但稻盛和夫还是告诉对方，样品的性能也许已经满足要求，但颜色并不理想，并不是合格的产品。

稻盛和夫的话让工程师误以为他在故作刁难，当即反驳说："您也是懂技术的，不应该这般以偏概全，希望您能客观地评价我的成果。"稻盛和夫没有对工程师的态度感到不满，因为一款倾注自己全部心血研发出的产品，仅凭颜色就遭到否定，任谁都会愤怒。随后稻盛和夫给出了解释，考量一款产品是否合格，性能是一方面，也是最重要的一方面，但不是全部，而一款性能绝佳的产品同样要拥有让人惊艳的外观。人们在接触一款产品时，最先看到的就是外观，优秀的外观会让人认为这款产品的性能同样优秀。新型陶瓷的颜色为纯白色，宛如艺术品，当人们见到它时，会不忍心用手去触碰它，这种敬畏之心是对一款产品最大的肯定。这般完美无缺的产品，才是京瓷一直以来所追求的目标。

产品的优劣，反映的是研发者的心态。很多人倾向于以产品核心为目标，争取用最快的速度攻克产品研发，他们往往会以一种不太严谨的态度进行大量作业，然后从已有的产品中挑选出最好的一个。这种方式虽有奇效，却失去了对产品的敬畏，当一个人在工作中无法做到一丝不苟时，就很难将这项工作做到极致。

"轻似蝉翼白如雪，抖似细绸不闻声"的宣纸传承千年，靠的就是匠人对产品的敬畏。108道工序，历时3年完成，每一步都不容忽视。在捞纸时，匠人师傅会端着竹帘床在纸浆槽内反复浸入，将纸浆纤维平铺在竹帘之上，形成一张薄薄的宣纸。这种过程十分考验匠人师傅的技术和心态，宣纸的薄厚好坏全在这一浸一挑之间，角度、速度、高度都需要严格控制，多一分宣纸就会变厚，少一分宣纸就会变薄，让它彻底与精品无缘。

在工作中，尽职尽责的人可以将别人交给他的工作做得令人满意，而尽善尽美的人可以将工作做得让人眼前一亮。对尽善尽美的人来说，自己并不是在工作，而是在创作，只有不放过任何提升自己的机会，才能呈现出最完美的作品。因此，我们要怀揣着尽善尽美的态度去工作，它会最大程度提升我们在工作中的用心程度、发挥空间以及最终达到的结果，完美也会由此而来。

稻盛和夫说："一定要确定自己已经做到了最好，好得不能再好。"为了将产品达成这般程度而付出全部努力的完美主义,是所有渴望登顶"创造"高山的人们所必须认可、接纳的理念。

把有意注意变成习惯，才能更好地防患于未然

当你做任何事时都能贯彻"有意注意"，不仅能大大降低失误率，还能在你解决问题时快速抓住问题的本质。

——稻盛和夫

稻盛和夫认为，无论何时或处于何种境地，都要对工作中那些细微的事情提起重视，力求见微知著，如此才能防患于未然。想要做到这种程度，就需要将"有意注意"变成习惯。

所谓"有意注意"，就是主动将意识高度集中在某一个事物上，类似一种全神贯注、不会轻易被打扰的状态。与之相对的就是"无意注意"，当我们所处的环境或周围的事物发生变化时，变化所带来的刺激会让我们不由自主地对变化中的事物做出反应。这种情况在生活中十分常见，比如，我们听到身后传来声响时，会下意识扭头去看。"无意注意"耗费的精力较"有意注意"更少，但很容易让人在工作中分心。

稻盛和夫表示，我们不能一味无意识地对生活中各种现象全部做出反应，而要掌握主动权，努力集中自己的意识，

哪怕是面对日常生活中一些微不足道的小事，也要让自己保持这种状态。当我们能够在平时刻意保持自己的专注度，坚持下去，"有意注意"就会逐渐演变成习惯。一旦在生活中从"无意注意"转换成"有意注意"，我们将不会放过任何细节，任何一个足以引发重大事故的小问题，都会被我们注意到。

京瓷成立之后，稻盛和夫兼任技术部长一职，他认为能够称得上"优秀"的企业经营者，无论面对怎样的突发状况，都能在一瞬间做出最正确的应对，否则当企业规模扩大时，他就无法保证成千上万员工的生活。对于资质平庸的人而言，这种类似于天赋的能力是可遇不可求的，但稻盛和夫认为做好自己力所能及的事，对任何看似简单、微不足道的小事都能做到一视同仁，有意识地认真思考，努力做出正确的判断，就能培养出这样的能力。这一启发源自源自日本哲学家中村天风的观点，中村表示："当养成主动认真思考的习惯，不忽视任何细微之处，在进行判断时，就能做到思维迅疾如电。"

稻盛和夫认为，当一个经营者对小事漠不关心，习惯了轻松散漫的处理方式，一旦遭遇危机，是无法快速做出正确的判断的，哪怕此时绞尽脑汁，拼命催促自己也很难做到。这主要是因为经营者平常没有主动思考、细致观察的习惯，所思所想只停留在表面，很难找到问题的根源。反之，经营者如果主动培养自己的这种能力，思维就会变得十分敏锐，当事情发生后，脑海中会瞬间闪现出最佳的解决方案，这并非是借鉴以往的经验，而是头脑高灵活度带来的结果。

因此，"有意注意"的训练尤为重要。虽然一开始我们的脑力可能不够，但只要坚持下去，多年以后思维就会变得敏捷异常。当"有意注意"成为习惯的那一刻，我们也就拥有了在一瞬间做出正确判断的能力。

稻盛和夫之所以推崇"有意注意"的锻炼，一部分原因在于他早年间犯过类似的错误。当时，稻盛和夫每天需要处理的事情有很多，即使有人想和他汇报情况，也要根据他的时间安排等候，而且在沟通时他也不会给别人太多的时间。这不仅是对汇报者口头表达能力的考验，也是对稻盛和夫思维切换能力的考验。由于不断地接受大量的信息，如果在接见汇报者时没有中断与上一个人相关的思考，沟通的效率就会大大下降。

很多时候，一些人实在等不及，经常在走廊里拦下稻盛和夫进行汇报。稻盛和夫理解对方的处境，不忍拒绝，就会选择停下来听取对方的汇报。可问题在于走廊并不是一个正式的沟通场所，稻盛和夫的注意力还停留在别的地方，做出的回应也相对随意和敷衍，往往在事后也全然记不得此事，这就很容易导致重大事故的出现。有一次，稻盛和夫突然想起之前的一个项目，将负责人叫来询问该项目的具体进展情况，对方却表示他已经批准过该项目，项目已经推进一段时间了。为了阻止类似事情再次出现，也为了避免因"仁慈"造成无法挽回的损失，稻盛和夫要求自己决不可在非正式场合听取汇报，无论多么紧急的情况，都要在办公室谈，保证自己时刻处于"有意注意"的状态。

其实，无论是创业经营还是入职工作，我们都应该有意识地去培养自己"有意注意"的习惯。即便从现在开始也未曾不可，只要主动、坚持、有意识，就一定能将自己的思维锻炼的既敏锐又准确。

尤其是对一些经营者来说，这种"有意注意"能力更为重要。经营者的任何决策影响的不仅仅是企业的发展命运，还有全体的员工的人生幸福，即使一些看似微不足道的小事，也有可能造成一些足以震动整个企业的影响，进而使企业陷入一个十分危险的境地。因此，想要保证经营稳定，就必须养成"有意注意"的习惯，让自己的每一次判断都快速且准确。

08

学会"创造性"地工作

坚持钻研创新，是事业发展的不竭动力。而正是不满足现状，对任何事物都钻研创新，才造就了后来的京瓷。稻盛和夫说："哪怕是简单平凡的工作，只要不断地钻研创新，也会带来飞跃性的进步。"

跟着别人的脚步，很难开拓新的事业

很多人想走或正走在平坦的大道上，但在这样的道路上跟随着前人的脚步亦步亦趋，没有丝毫的乐趣。

——稻盛和夫

随波逐流不会取得大成就，成功永远属于那些敢于挑战未知的勇士。《下一世纪》中讲述了稻盛和夫创业的故事，让稻盛和夫倍感荣幸。书中记载，京瓷从创办之初，从未循规蹈矩，始终以一往无前的气魄开发新的产品，挑战新的事业。

稻盛和夫表示，自己一生都在刻意避开那些熟知的创业途径，每一次都会选择所有人都没有尝试的领域。他将自己的行为比作行走在田间泥泞的小路上，虽然举步维艰，还有不慎摔倒的风险，可他仍不愿去选择那条车水马龙的平坦大道。

不管是工作还是创业，很多人都喜欢随大流，习惯以前人的经验为指引推进自己的工作，这种心态在心理学上被称为从众心理。趋利避害是人的天性，当我们面对一个未知的事物时，如果能够找到一个已经被证实的路径，那么我们在压力或惰性之下，就会倾向于采用该路径，以规避风险。一般来说，越是涉足自己未知的领域，越是缺乏竞争优势，这种从众的心理也会越强烈。然而，这种想法在帮助我们规避风险的同时，也让我们错失了机会。

稻盛和夫认为，如果与很多人做同样的事，就很难获得出色的成果，因为一条人来人往的道路上，路边的鲜花几乎都已被摘走。当我们踏足之时，基本上大局已定，根本不会剩下任何有价值的东西，弯道超车无异于痴人说梦。

互联网行业的发展就已经证明了这一点。在互联网趋近成熟之际，众多互联网企业迅速崛起，瓜分了整个市场，想要在市场中找到空白点几乎是不可能的。无数野心勃勃的企业家想进入该行业分一杯羹，最后都铩羽而归。在市场格局已定的情况下，这些已经得到利益的先驱者在所有可能的方面都提前进行了布局，新进者在该市场中的胜算几乎没有。

即便踩在前人的路上获得了一些小的成功，也不过是先驱者的附庸，有极大可能沦为随波逐流的角色。苹果手机问世之后，所有的手机品牌都开始以苹果为模板复刻手机，丢掉了原本自己的东西。当苹果宣布超薄机身是潮流时，所有的附庸者都在按照苹果的想法被动调整，否则就将面临淘汰的危机。这就是重复别人走过的路所处的尴尬局面，也是马太效应产生的根源。

所谓马太效应,是指强者越来越强,弱者越来越弱。任何行业都无法避免马太效应,起步晚就意味着一开始就处于弱势地位,随着企业的发展,自身的优势就会越来越小。因此,随波逐流的心态并不可取。

而走自己的路就是另一种风景,稻盛和夫认为**无人踏足的新路虽然举步维艰,却能够获得很多新的发现,并有机会取得巨大的成果**。很多名噪一时的企业往往因为走上了一条身前无人的道路,才取得了足以惊艳世人的成就,苹果、微软、特斯拉皆是如此。

"创造"本就是事业中最重要的一个组成部分,只有以独特的新想法去发掘新的市场,打破行业壁垒,才能开拓出全新的事业。好的想法不如好的选择,选择一条没有人走过的路,才能拥有无限可能。

稻盛和夫倾向于创造,这一点与美国投资家查理·芒格(Charlie Munger)不谋而合,他说:"你想要成功,就不能随大流。"随波逐流只能让我们接近平均水平,想要获得成功,就必须取得比平均水平更好的成就。这就意味着我们不能和大多数人一样去做同样的事情,最甜美的果实必定属于敢于第一个踏进未知庄园中的人。

稻盛和夫提醒我们,如果一味地跟在别人身后,势必无法开拓新的事业。实际上,那些无人踏足的泥泞之路,在我们行走的过程中虽然困难重重,却是通向光明灿烂未来的唯一途径。

抓住一切机会磨炼"敏锐度"

如果一个人的敏锐度太差,即使产品已经提醒他发生了问题,提示了解决的办法,他仍有可能忽略这些信息,从而错过解决该问题的最佳时机和方案。

——稻盛和夫

对于创造性的工作而言,敏锐度不可或缺。稻盛和夫在长期工作的磨炼中,对任何事情都持有极高的敏锐度。有一次,他乘车出行时听见汽车发出了异常的声响,便对驾驶员说:"车子可能出了一些问题。"对方却回答说:"没事,平常也是这样的。"在稻盛和夫的坚持下,驾驶员将车子开到了修理厂检查了一番,发现轴承中缺少了一枚滚珠。

稻盛和夫认为,当机械在即将发生故障时,会产生异响,这种异响就是机械的警示之音。由于机械此时仍处于正常运行状态,大多数人往往会忽略这些异响。稻盛和夫不厌其烦地因这些"小事"而批评员工,目的就是警示所有人员,一定要将这种事放在心上,要学会磨炼自己的敏锐度。

稻盛和夫认为足够细腻的敏感度可以帮助人们将工作做得更好。他列举了一个自己工作的例子,如果他的办公桌、检验台上的文件摆放得不整齐，心里就会感觉十分别扭。比如，桌面和纸张的形状都是长方形，文件如果斜放或横放，或者没有与桌边对齐，就会让他感觉不舒服。于是，员工在给他整理桌面的时候，就会将文件、钢笔等物品调整过来。这种看似"洁癖"的做事态度，让稻盛和夫经常能够及时发现一些势头不对的情况，从而及时采取对策，防患于未然。

所谓敏锐度，就是一个人对周围事物的感知程度。一些人擅长从正常的事件中察觉到异常的因素，从而更早地发现问题，这就是敏锐度高的表现。一个人对于机会的把握，很大程度上取决于他对市场的嗅觉，以及他对工作中意外事件的敏锐反应程度。很多推动时代进程的发明在本质上都属于异常事件，蒸汽机的发明创造就是如此。沸腾的水壶盖子吱呀作响，这在生活中是一件再平常不过的事，可有人就可以在它的启发下产生将蒸汽作为机器动力使用的想法。而在这之前，从来没有人出现过这样的设想，这就是敏锐度带来的差距。

当一个人敏锐度太差时，反应就会变得迟钝。比如，面对出现故障的一台机器，即使是一个很细微的问题，由于缺乏经验，敏锐度差，他只得将机器拆开一步步排除原因，浪费很多的时间和精力。又或者原本机器可以维修，由于他反应过于迟钝，等真正领悟到问题的那一刻，这台机器已经没有了维修的可能。

美国通用公司曾收到过一封特殊的投诉信，一位客户表示自己在其公司购买的庞蒂亚克汽车对香草冰激凌过敏。客户每天晚上都有吃冰激凌的习惯，当他开车去买冰激凌时，只要购买的是香草冰激凌，在回家时汽车就无法发动，而购买其他口味的冰激凌时却不会发生这种情况。随后，一名工程师和客户一起出行购买冰激凌，结果和客户描述的一样。经过几天的调查分析，工程师终于找到了问题所在。原来，因为香草冰激凌的销量很好，超市将它摆在了最显眼的位置，这就导致客户购买香草冰激凌所花费的时间比购买其他口味冰激凌的时间短，汽车的蒸汽锁没有足够的时间散热，导致汽车启动失败。

这位参与汽车制造的工程师无法在第一时间发现蒸汽锁的异常，就属于敏锐度较低的情况。作为工程师，他必然十分熟悉汽车的运作原理，在了解情况之后，他没有马上意识到蒸汽锁是问题症结所在，就意味着他对于发动机的细节没有做到了如指掌，总是忽略工作中的一些异常情况。

在工作中培养敏锐度的关键在于用心，凡事要多留心、多观察、多总结。 面对工作中的种种征兆，要主动思考，只有这样才能不断提高自己的经验值，提升自己的敏锐度，在问题即将发生时，第一时间意识到异常情况的存在，从而迅速采取应对措施，避免更加严重的情况发生。

倘若总是忽略工作中的一些细节问题，就需要及时纠正自己的习惯，并在后续的工作中不断练习，让自己变得善于倾听周围的一切声音，时间一长，就能提升我们的敏锐度。

将创造发明导向"正确的地图"

我能获得"新型陶瓷技术革新的先驱"的殊荣,凭借的是自己对新型陶瓷充满了极为强烈的期望。

——稻盛和夫

稻盛和夫认为,想要在技术开发领域取得革命性的成果,相关专业知识和技术的积累必不可少,但更重要的是,一定要具备强烈的达成愿望。尤其是向着未知领域开疆拓土时,这种不达目的誓不罢休的愿望犹如一针强心剂,可以在我们陷入难以突破的困境时,依然坚定信念,勇往直前,直至完成划时代的创造发明。

不管是技术创新还是发明创造,整个过程如同航行在一片漆黑的大海上,没有指南针,也望不见远处的灯塔。想要保证航向准确无误,顺利抵达目的地,内心一定要有一张"正确的地图",以此坚定自己前进的信心。

未知总会让人感到恐惧。很多人在没有办法确定前进的方向时,往往变得畏首畏尾,一旦陷入这种恐惧状态,势必会停止前进,劝说自己放弃。此时,"无论如何一定要做到"的信念就显得尤为重要,它能帮助我们驱散恐惧,打消退缩的念头。

京瓷在新型陶瓷领域并不是先行者，在创办之初，技术、设备、人才都十分匮乏，有的只是强烈的愿望。但是，京瓷后来的成就证明，无论起步的条件多么简陋，只要内心的愿望足够强烈，就足以披荆斩棘，跨越诸多不可能，实现最初的目标。当然，这条路并不好走，也许10年，也许20年，甚至更长的时间都没能成功。如果因路途太远就选择放弃，那无论从事什么样的事业都很难获得成功。

有了强烈的愿望，意味着永远不会在成功之前放弃，一步一个脚印，不断研究创新，经年累月，完成最后的蜕变。那些获取梦寐以求结果的人，就是以这种执着为支撑的。稻盛和夫以京瓷开发太阳能电池一事为例，从以新型陶瓷的结晶技术为基础拟定开发方向到最终大获成功，京瓷在这条创造之路上走了将近30年，而如今这项事业也成为京瓷发展的主力。

在稻盛和夫看来，"我就要这么做"这般不讲任何道理的愿望是事业的起点，"无论遇到什么困难也要坚持下去"的执着是事业发展的推动力，不知疲倦的钻研和创新是事业持续发展的支撑。一步一台阶，稳步提升，即便宛如乌龟爬行一般缓慢，只要时间够长，也一定能达到终点。就算周围的人都给我们泼冷水，也不要轻言放弃。

大多数人在事业推进陷入僵局时，很容易产生自我怀疑，他们不是不拼命，也不是没耐心，只不过随着时间的推移，再大的热情也有消磨殆尽的一天，再坚定的内心也有出现动摇的一天。对此稻盛和夫建议，容易产生自我怀疑的人一定要找到那张通往最终目的地的"正确的地图"，而这张地图代表的就是持续的努力、钻研和创新。**只有相信和坚持，才能创造奇迹。**

稻盛和夫就是最好的例子，他出身普通大学，没有出众的才能，只能主动去喜欢上自己的工作，逼迫自己全身心投入到新型陶瓷的研究中。这让他慢慢地对新型陶瓷产生了莫大的兴趣，开始主动向它靠近。后来，随着客户要求的不断增多，他在钻研创新的道路上也越走越远。最终，不仅京瓷成为新型陶瓷领域首屈一指的企业，稻盛和夫也摇身一变成为该领域的顶尖人才，无论是生产实操方面还是专业知识方面，都备受外界好评。

当他被评选为"新型陶瓷技术革新的先驱"的那一刻，最先想到的就是"持续不断地钻研创新就能孕育出真正的创造"这一道理，虽然这个道理听起来过于平凡，它却是真真正正支撑着稻盛和夫走到今天的底气所在。

创造发明就像是攀登，坚持走下去最重要，任何放弃的念头都将使人功亏一篑。任何成功都不是一蹴而就的，需要一个过程，一个可能要花上一辈子的过程，但无论路途有多遥远，都不能成为放弃的理由。放弃就意味着失败，意味着前期所有的付出都将随着心中散去的那一口气而不再属于自己。

不要恐惧，更不要焦虑，即使每一天的钻研创新只带给我们一点小小的进步，但是，这种进步如果能持续10年、20年，积累起来的经验也将帮助我们获得巨大的提升，最终会化作让世人惊艳的具有创造性的成果。

外行人可以不被行业内的经验束缚，成为颠覆者

成就颠覆性事业的人，往往是一些不被任何成见束缚的外行人，而不是那些拥有丰富的经验、技术更加纯熟的行业专家。

——稻盛和夫

外行人一般不会按照既定的惯例思考，这让他们能够窥见更多的可能性。稻盛和夫列举了一批日本知名企业，这些企业的创始人一开始都可以算是所涉足领域的外行人，而他们都将企业做得很好。

京瓷创始人稻盛和夫，在大学期间学习有机化学，临近毕业才接触与新型陶瓷相关的无机化学，根本谈不上是专家，只能算是一个半路出家的人。因游戏机而声名鹊起的任天堂，最初只是一家主营花纸牌和扑克牌的公司，后来推动该公司完成重大变革的山内溥先生，据说从没有接触过游戏机的硬件和软件，在该领域也属于外行人。从事大型制造的欧姆龙仅凭见过一次微型开关，就预言该控制系统在未来一定会成为主流，毅然决然地踏入弱电领域的研究。罗姆的创

始人佐藤研一郎热衷于音乐,因为在学生时代学习了高效制造碳模电阻技术,从而踏上了创业之路。

这些人拥有两个共性:成功者和外行人。成功是他们的结局,而"外行"是他们的开始。这不得不让人感到匪夷所思。

对此,稻盛和夫给出了自己的答案,他认为外行的成功并不是偶然,**由于外行,可以尽情地自由想象,不拘泥现有的规则和习惯,这是创业者挑战新事物最大的优点,也是和老牌企业迅速拉开差距的根源所在。**

京瓷在步入正轨后接到了一份同行的订单,委托的是一家行业内屈指可数的大企业,发展年限和企业规模都远超京瓷。稻盛和夫对这份订单心生疑惑,对方却解释说由于自家企业接到的订单太多,不能按时完成,希望京瓷能够承担一部分。

随着进一步了解,稻盛和夫意识到对方希望通过这个订单来学习京瓷的技术,于是,他果断拒绝了对方的请求。直到此时,对方才讲出了实情。原来这家企业拥有很多高学历的专业人才,而京瓷员工整体的学历水平并不高,可有些技术或产品只有京瓷才能做到。一番交谈下来,稻盛和夫第一次意识到,原来有些事情由外行来做要比内行人更加得心应手。

外行的优势在于思维方式的不同。内行人受限于成功的经验，由于早已占据行业领先地位，他们更倾向于依赖过去的成功途径，忽略一切颠覆性的因素，这就导致无论他们如何努力都跳不出最初为自己圈定的范围。而真正的颠覆者往往不拘一格，会在行业内实现破坏性的创新，传统手机和智能手机的发展就是如此。

诺基亚在最鼎盛的时期，一年的销售量高达4亿，它也从未放弃过更新迭代，不断地推出新品，功能也越来越强大，可这些创新始终逃脱不了对原有基础的延续，即便多么努力地更新迭代，诺基亚只是在提升原有的功能而已。苹果手机却并非如此，它既没有固定的研发路径，也没有专业的手机团队，成立伊始的目的不是制造一款纯粹的手机，而是制造出能够取代电脑的移动终端。这种破坏性创新彻底颠覆了传统的手机行业。

除了思维方式，外行人的强大还在于他们对待不确定性的态度。对于同一件事，专家会说"按照以往的经验来看""这种想法一听就不可能"，而外行人往往会说："我可以试一试。"

在一些行业巨头心中，最主要的任务是保证工作不会出错，而不是挑战极限。一些小的差错，对企业而言意味着巨额损失，对专家而言意味着名誉扫地。因此，他们倾向于追求确定性，考虑的一般是最稳妥的方式。在这个过程中，他们不可避免地变得思维僵化，从而错过更多机会。外行人却不一样，他们不惧风险，敢于拥抱不确定性，这让他们获得了更多以最小的成本博得最大收益的机会。这种勇于冒险的精神，是实现颠覆性创造最有利的条件。

因此，稻盛和夫建议人们学会自我清空，不必时刻紧盯以往的经验，怀着强烈的愿望，自由想象，勇于挑战新事物，这样做才能成为行业的颠覆者。

通过扫地得到的启示：只要开动脑筋就能想出办法

无论多么渺小的工作，只要秉持着永不满足的态度对现状进行改良，哪怕每天的进步微不足道，经年累月下来一定能产生巨大的变化。即使一些简单的工作，只要开动脑筋就一定能想出改良的方法。

——稻盛和夫

稻盛和夫在京瓷立稳脚跟后，他的商业版图又扩展到了太阳能、复印机、通信等领域，并且都获得了不俗的成绩。对他来说，跨行业的成功并非只是因为自己掌握了各行各业的技术，而主要是靠着他每天进行的创造性工作。

为此，他列举了一个扫地的例子：一位清洁工每天打扫车间时都会选择从右至左清扫，如果他尝试从四周向中间清扫结果又如何呢？或者扫帚带来的清洁效果不是很好，能不能换拖把试一试？又或者仅凭人工清理有点浪费资源，能不能向领导申请购买一台吸尘器，解放更多的时间和精力？如果再进一步，将吸尘器根据现场情况进行改良，让它更高效地完成清理任务又如何？

如此看来，就扫地这件小事而言，只要肯思考就一定能想出很多改进的方法。持续不断地钻研创新，让这名清洁工开始对清理工作拥有自己独特的见解，并得到车间所有员工的支持。由于出色的工作效果，整座大厦的清洁工作就有可能被委托给他，他可以以此为契机成立专业的清洁公司，并不断发展壮大。

反观安于现状的人，往往就是另一种态度。他们认为扫地这项工作任凭再怎么折腾也不过是扫地而已，所以从来都不谋求变数，整日工作都漫不经心，即使因工作不认真受到批评也毫不在乎。这类人无论工作多少年，都不会有任何发展。

稻盛和夫认为，喜欢事事动脑筋的人与漫不经心的人相比，时间一长必然会产生很大的差距。当一个人始终不满足于现状，总想着提升自己时，这种上进心将成为他与其他人拉开差距的关键因素。

如果一个人长时间接触简单的工作，就很容易陷入"职业枯竭"的状态。对于"职业枯竭"，美国心理学家贝弗利·波特（Beverly Potter）的解释是：一个人拥有工作能力却丧失了工作动力。这种情况在生活中屡见不鲜，对很多人来说，机械般的重复工作只会带来厌倦。其实不然，实际上他们只是抗拒改变，拒绝尝试创造性的工作罢了。

美国石油大王约翰·D·洛克菲勒（John D. Rockefeller）说："任何事情都有无限完善的可能性。"在石油市场低迷，所有石油商人都赚不到钱的时候，他的公司却能处于盈利状态，靠的就是不断完善每一项工作。一份原油经过提炼可以得到很多副产品，洛克菲勒从不随意处理这些"残渣"，而是从中提炼出了沥青、电白油等副产品。

石油公司一般用铁罐盛装汽油，在封口时会用到一种名为"焊锡"的金属材料。洛克菲勒的员工在密封的过程中通常会使用40滴金属锡，长期以来的标准就是如此。洛克菲勒却让员工尝试用更少的金属锡进行密封，多次实验之后，员工发现其实39滴金属锡也能完全密封铁罐。

很多事情只要稍加变通，一切就会变得不同，关键在于我们是否拥有时刻想要提升自己的心。也许这些改变看起来微不足道，但成千上万个微小的改变累加起来就能产生很大的影响。如果我们现在正从事着一份简单的工作，不必抱怨它的枯燥重复，也不要有"只是扫地而已"的想法，对简单的工作不断改善、创新，就能将所有人眼中的平凡变成不平凡。

稻盛和夫的成功离不开他的良好习性，无论做什么事情，他都习惯频繁自省："有没有更好的方法？"当一个人可以用这种眼光审视自己的每一项工作，哪怕只是扫地这种小事，也会挖掘出无限的改进空间。善于思考，善于钻研，不放过任何可以提升的机会是加速成功的催化剂。

其实，我们完全有能力在简单的工作中点燃自己的工作激情，任何简单的工作背后都存在无限的可能，关键在于我们主动去发觉，勤于思考就一定会找到更好的解决方案，如此一来，一项不起眼的工作也可能变得富有创造性。

挣脱常识的束缚，充分发挥创造力

在京瓷长达半个世纪的经营中，不管事情大小，我从未仅凭常识来解决问题。如果跟随常识做出判断，就避免了自我思考，只有建立在原理或原则上的经营才是健康的。

——稻盛和夫

稻盛和夫习惯追问事情的本质，即使是在会计领域，他也不赞成企业的员工完全以会计的常识和习惯对一件事下定论，而是希望他们回到会计的原理上思考问题。他举了一个有关企业设备折旧的例子：一家企业的固定资产折旧需要根据设备的有效工作、正常生产年数等数据进行成本分摊，而企业设备的折旧年数必须按照日本某专业机构颁发的数据表进行确定。

稻盛和夫发现，京瓷的一些设备由于属性问题，被归为陶瓷器等制造设备范畴，根据官方发布的数据来看，其使用寿命高达12年之久，这比与之类似的加工面粉的设备的使用寿命长得多。可根据实际情况来看，一台陶瓷设备如果处于持续运转的状态，即使员工不遗余力地进行保养，使用寿命也只有5至6年。因此，他认为一台设备的折旧年限一定要按照能够正常使用的时间来敲定，而不能仅凭宽泛的数据就妄下定论。

但是，企业的财务人员对他的观点进行了反驳，他们认为即使京瓷将设备的折旧年限改为 6 年，但应缴的税款依然会按照 12 年来计算。官方提供的规定不会因一家企业而改变，所有人都在遵循这项规定，如此行事不仅会造成更多的损失，还会增加财务人员的工作量。可稻盛和夫坚持自己的看法，他表示即使会增加成本也不能只是一味地遵从所谓的管理，违反真正的审计原则。如果总是依照常识，那人们就会忘记折旧的本质，忘记在经营的过程中该做出什么样的判断。

稻盛和夫认为，常识是思考的一种捷径，很容易让人按照既定的路线行走，从而忽略对事物本质的探索。这就导致很多人的头脑会因常识而变得僵化，失去创造力，更何况有一些常识在实际操作中是行不通的，在未来的日子里很可能被推翻，人们当初的坚持也就变成了错误。

京瓷在创办之初，经常去银行办理贴现，当时的要求是人们必须强制存进一定比例的押金存款，才能办理贴现业务。随着人们的默许，银行动了提高强制存款比例的心思，押金的数额甚至超过了贴现的数额。稻盛和夫曾对这一行为表示深恶痛绝，京瓷的财务人员却表示强制存款是常识。不久之后，银行的这项措施被叫停，并被认定为银行提升效益的不当行为。这次经历也让稻盛和夫更加坚持自己的想法，他认为无论被多少人认可的常识，只要不符合本质，终有一天会被世人承认它是不对的。

常识最大的问题在于容易使人们失去创新的念头。稻盛和夫列举了企业经营中的例子：在某一个行业，销售费用和管理费用一般是占据总消费额的固定比例，由于该行业内的大多数企业的销售方式相同，他们一般都会选择这个固定的比例，以此为前提来开展经营，而新入行的企业也会自觉地加入其中，从来不考虑该比例的合理性。可实际上一家企业的经营重心是需要考虑如何才能更高效地销售产品，采用更合理地销售结构和销售方法，而不能将经营的主动权交给所谓的常识。

稻盛和夫表示，他并不是在否定常识，某些常识对于解决一些问题来说还能提供一些新的视角。关键在于，原本只在某些既定条件下才能效用最大化的"常识"，被人们看作金科玉律，这是不对的。**在不断变化的大环境下，懂得不被常识困住思维，透过表象看到本质，做出最正确的判断才是最重要的。**

常识限制的是我们的想象力和创造力，不拘泥常识的人往往会创造出惊世骇俗的成绩。传言中牛顿是见到落向地面的苹果发现了地心引力，这就是一个打破常识的例子。所有人都见识过事物的自由落体，但从未有人质疑过为什么它们会落到地上，而不是飞向天空，因为这是千百年来的常识给出的答案。细究之下，牛顿发现了地心引力。

在稻盛和夫看来，追求事物的本质才是一个人的思考基准，常识只能作为分析问题的参考。任何无条件遵从常识的思考方式都会极大地降低人们的创造力，成为束缚人们思想的根源。因此，在工作中，挣脱常识的束缚，更有利于人们开展更有创造性的工作。

觉得山穷水尽时，如何思考才能打开困难局面

在感觉山穷水尽之时，才是工作真正的起点。我们若能冷静下来反思，客观面对当前所处的局面，就一定能找到破局的方法。

——稻盛和夫

一项工作在成功之前都将被视为"0"，每一次趋近目标的尝试其实都站在同一起跑线上，不要轻易将努力无果定义为失败，不断思考如何打开当前的局面才是最重要的。

京瓷刚创立时，既没有名气也没有成绩，稻盛和夫在拜访新客户时经常遭到拒绝。让他印象最深刻的是一家大型机电厂家，当时，作为行业新人的稻盛和夫经验不足，只是一心想见到对方制造部门的技术人员。由于没有提前预约，他被门卫挡在门外，一连几次都是如此。最终他在坚持之下，见到了相关的技术人员，可对方毫不客气地拒绝了他，并表示他们企业目前只会从同等级的企业中采购相关的产品，京瓷作为新创办的企业，并不在他们的筛选范畴之内，即使稻盛和夫一直坚持见面，也不可能让他们推翻原有的采购

标准。

大型企业默认的采购限制是稻盛和夫的工作所面临的最大障碍，他对此毫无头绪，与之同行的销售员的心情更是跌到了谷底。面对困难，稻盛和夫鼓励对方说："被拒绝的时候才是工作的开始，我们当前的工作就是思考如何打开这一困难的局面。"

任何事情的第一步往往都是最困难的，稻盛和夫认为解决问题的关键就在于，当身处山穷水尽的境地之时，该如何面对此番困境。对于所有人来说，保持良好的心态才是最重要的。当我们遇到难以克服的困难，自认为已经束手无策时，不妨将它视为重新开始的起点，忘记之前的所有失败，并不厌其烦地进行尝试，这样我们才有机会将危局变成机会。正是凭借不懈的努力，京瓷最终从这家企业拿到了订单，甚至获得了更多大型企业的关注。

在打开困难局面的过程中，锲而不舍是成功不可或缺的要素。稻盛和夫举了一个猎人的例子：一位猎人手持弓箭外出捕猎，包里装着几天的干粮和水，只有捕到猎物才是维持一家人的生存。但是，捕猎的过程极为不易，猎人需要搜寻动物的脚印，并跟随这些脚印不停地追踪，直至找到动物的巢穴或族群，然后静静蛰伏等待时机，突施冷箭杀死猎物。一旦出现失误，动物们就会四散而逃，猎人就需要继续搜寻。

即使成功捕获了猎物，猎人还要背着猎物长途跋涉，才能返回家中。想要在严酷的环境下生存下去，靠的就是猎人坚强的意志，在得手之前，每一次尝试都是新的开始。

在稻盛和夫看来，当一个人在工作中被逼入穷途末路的境地，不得不放弃时，这并不是终点，而是重新回到了起跑线上。人们只有再次出发，以更顽强的意志投入到接下来的战斗中，无视遇到的所有阻碍，坚持到底才能最终达成目标。

人在穷途末路之际往往会有两种选择：一种是就此沉沦，默认自己已经失败；另一种是发愤图强，开创一番事业。两者的最大区别在于面对困难时的心态不同，前者对即将到来的失败感到恐惧，做事越发束手束脚，往往会静等失败的到来。这种心态会最大程度地限制人们的思想，让他们失去冷静思考和准确判断的能力。而后者却能将困境视为机会，在危机感的刺激下还能一直保持冷静的思考，最终顺利摆脱困境。

稻盛和夫认为困境从来就不等同于失败，实际上人们眼中的困境远远没有达到不可挽救的程度，更多时候不过是内心的恐惧作祟。因此，他建议人们即使在山穷水尽之时，也要做到不焦躁、不放弃、不妥协，重新开始，去深挖每一种摆脱困境的可能性。

开拓新事业需要乐观构思、悲观计划、乐观实行

> 向着新课题发起挑战的最好方法就是乐观构思、悲观计划、乐观实行。
>
> ——稻盛和夫

在稻盛和夫看来,果断、谨慎、勇气是一个成功者不可或缺的三种品质。这三种品质对应到做事上,可表现为乐观构思、悲观计划、乐观实行。

乐观构思,是指对未来怀有美好的期许。稻盛和夫认为成功开拓新事业的人,往往拥有乐观的性情。他们的脑海中经常涌现出一些有趣的念头,即使在当前的条件下实现的概率很低,他们也会坚信,只要自己足够努力,就一定能成功,并努力地把握住每一个机会。

稻盛和夫喜欢这类人身上的那股冲劲,将其视为推进新事业的一把好手。他们头脑简单,甚至有些鲁莽,当稻盛和夫提出某个新设想时,他们会毫不犹豫支持稻盛和夫的观点,摆出一副跃跃欲试的姿态。

当稻盛和夫决定创办第二电电公司时,企业内很多行业

专家和高管都不赞成，他们罗列了进入通信行业的困难，对第二电电的前景感到担忧，唯有一个人支持稻盛和夫的决定，他不是最聪明的，也不是经验最丰富的，但他毫无疑问是最适合辅助稻盛和夫推进通信工作的人。

稻盛和夫认为，有时候人太聪明并不是一件好事，聪明的人往往容易悲观，他们自诩有先见之明，可以在工作推进之前就判断出成败。当一个全新的构想摆在他们面前时，他们率先想到的就是分析可行性，一旦他们认为实现的可能性不大，就会否定这一构想，可实际上他们的分析并没有什么实际的证据作为支撑。也正是这种消极的态度，成了企业推进新项目最大的阻碍。

乐观派则不然，他们同样能预见未来的风险，但相较于风险，来自未来的希望能给予他们更多的信心和动力。因此，在构思阶段，稻盛和夫更加青睐那些天性乐观的人，并对他们委以重任。

悲观计划，是指慎重周密的思考对策。当乐观的构想进入到计划阶段，就不能盲目乐观下去，毕竟一腔热情终究替代不了周密的计划。况且，天性乐观的人很容易变得莽撞，有可能将项目引入歧途。这时就需要一些谨慎稳重的人适时地为他们泼一些冷水，让他们保持冷静。

稻盛和夫认为，未来具有不可预知性，无论什么样的计划，实行起来难免会遭遇意想不到的情况。为了保证计划的顺利实施，在计划制订阶段，就需要以一种悲观的态度来审视目标和构想，将所有的可能性都考虑进去。此时，加入一些性格谨慎的人到团队中，为乐观派充当副手，这类人经验丰富，观察问题细致入微，有利于完善计划以及落实计划。

当然，一味地谨慎也是不可取的，通过悲观地审视目标和构想拟定计划，我们就会察觉到计划在实行的过程中会遭遇到很多困难和阻碍。在重重压力之下，我们就容易出现退缩的念头，失去前进的勇气。因此，稻盛和夫表示，当计划进行实行阶段，就又需要回归到乐观的状态中，以此提升自己的行动力。

所谓乐观实行，就是当一切准备就绪，不必瞻前顾后，将自己的全部精力放在计划实行上。天性乐观的人在遇到困难时，虽然多多少少也会感到胆怯，但好在乐观的心态能够让他们保持积极的态度，不断向前推进计划。

稻盛和夫之所以让乐观派的人牵头，让悲观派的人辅助，就是想要保证新事业推进的主基调，在乐观派的影响下，使整个团队斗志昂扬；又能在悲观派的影响下，稳步推进工作计划。唯有如此，才能获得成功。

在经历了"乐观构思、悲观计划、乐观实行"三个阶段，并付出大量的努力之后，即使走的是一条无人踏足的道路，我们也能越走越宽，越走越远。

一些大型企业之所以缺乏真正的创造力，问题就在于聪明人太多，总是以悲观为主基调。它们拥有雄厚的资金和大量的技术人才，这对于推进新事业本应该更有利，可事实却并非如此。由于人人都偏向于谨慎，在起初的构想阶段，会一味罗列否定性意见，过度思考开展新事业的难点，如此一来，他们将更快得出否定结论，从而很难使新想法得到落实。

稻盛和夫推崇以"乐观构思、悲观计划、乐观实行"的方式推进新事业的根源就在于此。想要提升自己的创造力，就不能畏手畏脚，以乐观为主，悲观为辅，两者结合才能一往无前，获得成功。

埋头工作的同时,也不要忘记深度思考

我从不认为自己有多大的本事,只不过是在埋头工作的同时,还会思考一些优化工作的方法。在工作中,只有不断思考,寻求更好的优化方案,才能取得出乎意料的进展。

——稻盛和夫

深度思考能力对于工作来说十分重要。在工作中,不管是纠正还是改进错误,思考都会让我们的思维逻辑变得清晰、富有条理,并在不经意之间涌现出灵感。

稻盛和夫根据陶瓷坚硬耐磨的特性,开发出陶瓷纱锭,成功解决了纺织业设备零件磨损过快的问题。但那段时间日本的市场经济环境很低迷,纺织业也遭到了很大的冲击,这使得备受纺织业追捧的陶瓷零件陷入了供大于求的状况。

为了使这批产品能够尽快脱手,京瓷的员工想了很多办法。其中,有一个十分聪慧的业务员立即想到了鱼竿,并拜访了一名渔具店的老板。人们在钓鱼时会使用不同的鱼竿,而有一种鱼竿上设置了金属导环,目的是让鱼线能够高速移动。但金属易磨损,远没有陶瓷耐磨,并且陶瓷的摩擦力很小,于是,业务员就向渔具店的老板提议将金属导环换成陶

瓷导环，却遭到了老板的拒绝。对方认为金属导环很便宜，如果使用陶瓷导环，鱼竿的成本就会变高，价格也会随着提高，从而失去价格优势。

业务员经过一番思索，换了一个角度，表示如果将金属导环换成陶瓷导环，渔具就会变得很有档次，价格也就不是问题了。老板觉得很有道理，决定尝试一下。在实验的过程中，老板发现在抛竿时，鱼钩比平常飞得更远，而且鱼线也不容易断裂。这是因为在使用金属导环时，收放线造成的摩擦使导环快速升温，很容易熔断尼龙材质的渔线，但陶瓷的摩擦力较小，即使收放线的速度和频率更高，也不会造成鱼线断裂。一番实验下来，渔具店的老板终于接受了陶瓷导环。

心理学家戴维·伯恩斯（David Burns）表示，在职场中进步最大的人，在努力工作的同时还不忘主动思考，思考如何才能更好地改进工作，如何才能将工作做得更好的人。这也是普通人和成功者在工作中最大的差异。一般来说，普通人在工作中习惯凭借以往的经验做事，从未想过改变现状，即使需要解决眼前的问题，也时常处于一种被动学习的状态。有这种思想的人，很难获得较大的进步。

主动思考的意义在于使自己的努力效果最大化。很多人在接到上司安排的工作时，总是不假思索地直接上手，完全不考虑工作如何开展才能达到最好的效果，应该先做哪些事、后做哪些事，应该注意哪些事项，甚至有时候也完全不考虑上司的真实意图是什么。当工作推进到一半时，突然发现自己最初的理解产生了偏差，按照现在方向做下去根本无法达到上司的要求，只能重新梳理工作，推倒重来。这会浪费掉太多的时间和精力。而主动思考不仅能够避免这种情况的发生，还能在工作中察觉到需要改进的问题，使工作推进的更加顺利，收获最好的结果。

当我们能够全身心地投入到工作中，还不忘记思考，那么，很多创意就会在不经意间从我们的脑海中涌现出来。一些更为高效、适用的工作方法就会在不断地尝试中产生，同时也能提升我们自己的能力，增强工作成就感。千万不要只想着如何完成工作，我们所追求的一定是找到最佳的解决方案，就像稻盛和夫说的："活路一直都有，全凭拼命思考。"

参考书目

1. 稻盛和夫.思维方式[M].曹寓刚,译.北京:东方出版社,2018.
2. 稻盛和夫.稻盛和夫的哲学[M].曹岫云,译.北京:东方出版社,2019.
3. 稻盛和夫.活法[M].曹岫云,译.北京:东方出版社,2019.
4. 稻盛和夫.心:稻盛和夫的一生嘱托[M].曹寓刚,曹岫云,译.北京:人民邮电出版社,2020.
5. 稻盛和夫.稻盛和夫自传[M].曹寓刚,译.北京:东方出版社,2020.
6. 稻盛和夫.稻盛和夫谈经营:创造高收益与商业拓展[M].叶瑜,译.北京:机械工业出版社,2021.
7. 品墨.稻盛和夫给年轻人的忠告[M].北京:民主与建设出版社,2021.
8. 稻盛和夫.干法[M].曹岫云,译.北京:机械工业出版社,2021.
9. 稻盛和夫.稻盛和夫:母亲的教诲改变我的一生[M].邓超,译.北京:光明日报出版社,2021.
10. 稻盛和夫.稻盛和夫如是说[M].曹岫云,张凯,译.北京:机械工业出版社,2022.